是愛不是礙，是伴不是絆

圓滿自在的親密關係

許瑞云 醫師 著

推薦序

沒來沒去沒代誌

臨床心理師　洪仲清

上過許醫師幾次課，對於許醫師提過的蓋瑞．巧門（Gary Chapman）博士提出的「愛的語言」相當感興趣。所以看到書稿的第一時間，我馬上把相關的文字找出來閱讀。許醫師對於「愛的語言」的重要性，有這樣的提醒：

只有當對方用可以感動我們的方式，也就是我們所習慣或期待的愛的語言來表達愛的時候，我們才能夠感受到對方的愛，反之亦然。

如果不了解對方重視的「愛的語言」是什麼，即使爲對方做了很多事情，對方也未必能夠感受或接收得到我們的愛意。

即使是親子關係，父母為孩子付出許多，但孩子不一定能感受到父母給予的愛。這其中，也跟父母懂不懂得適切地表達愛有關。這五種愛的語言如下：

1.言語的肯定
2.服務的行動
3.身體的接觸／觸摸
4.有品質的相處時間

5.接受禮物

以書上的舉例來說，先生可能常在各種紀念日送禮物，但太太期待的是有品質的相處時間。先生可能覺得自己已經很愛太太了，但太太卻感覺被先生冷落。這個時候，先生如果做越多，就容易越挫折。

我常跟朋友們討論各種家庭議題，我自己不是那麼精確的感覺是：在家庭中充滿壓力的互動，會導致身心失衡，進一步提升罹患身心疾病的可能性！如果可以在心靈層次提供幫助，也有機會改善生理失常。

許醫師當年回國沒多久，曾經接受電台訪問，我當時就聽過許醫師回台的因緣，雖然現在印象模糊不少。後來許醫師的名氣越來越大，出書上節目，我偶爾就會注意。最近上了許醫師的課，看了許醫師的書，邀請許醫師一起直播對談，跟閱聽眾互動，發現她實在是一位相當好學，不自限自己出身於正統西醫訓練，希望全方位地從各個層面協助來診間的病人。

譬如說，這本書雖然名為親密關係，但裡面所談到的例子，以及觀念、原則、練習，常可以拿到親子、友誼，甚至一般性人際關係應用。要建立這些知識體系，用來服務病人，顯然需要相當大量的閱讀與學習，以及勤於整理自己實務上的經驗。

人的情緒能量分爲感受、聽覺、視覺和邏輯四種類型，每種情緒類型遇到衝突時的情緒反應皆不相同，最好能了解另一半的情緒類型，才不會無端踩到地雷，也才知道衝突發生時，我們要怎麼做，才能讓另一半的情緒平靜下來。

許醫師以情緒能量的角度，把人分成四種，這能幫助人了解自己，也能去理解自己想接近的人，以及如何應對。譬如：

聽覺型的人很需要被聽見，所以要耐心傾聽他說話，而且跟他講話時要注意語氣和聲調，千萬不要太大聲。要是你大聲說話或口氣不佳，無論說的內容是什麼，他都只會聽到你的不友善，感受不到你的關心和愛。

許醫師的涵養，不只是在身心的部分。在她的文字裡，也能常常感受到靈性啟發，像是我很喜歡「沒來沒去沒代誌」的態度，煩惱本來最多就是自找，進一步累積成身體的苦痛，只是我們剛開始難以覺察。

我實際在現場看過許醫師如何跟詢問問題的朋友互動，我發現許醫師非常敏感，可以很快地抓到當事人的困境，所以不需要多少時間就能切入核心。然後許醫師的說法，當事人也會很快地接受，並且當場進行一些簡單的練習。

這種速度讓我相當驚訝，知道我自己的不足。所以邀請讀者一起看看這本書，跟我一起向許醫師學習，相信對您的生活也能有所裨益。祝福您！

推薦序

一本讓你受益無窮的書

自由作家　苦苓

交往成熟、想要結婚的伴侶看了這本書，恐怕會對婚姻退避三舍，心想：怎麼那麼麻煩呀？戀愛時想都想不到的事，卻有一個個活生生的實例擺在眼前，告訴你無數個「前車之鑑」；如果不想跟著翻車，就必須做到如何如何，這不是太不浪漫、太麻煩了嗎？

沒有錯！浪漫只到戀愛為止，婚姻（甚至只是同居）就是現實，中國人說「婚姻就是兩個家族的結合」，西方人說「婚姻就是兩個人各自消滅自己的人格，來建立一個共同的人格」，有太多人小看了婚姻，以為只要下定決心在一起就可以；有更多人高估了愛情，以為只要相愛就可以長相左右。

所以更應該看這本有點苦澀、有點無奈，卻會讓你受益無窮的書。因為作者許醫師就是一點也不容情、一點也不放過地告訴你：所有伴侶關係中可能出現的問題，你要如何預防、如何面對、如何解決……非常細心、耐心而且貼心地娓娓道來，讓你不由得不服氣、不接受、不正面應對。

比起一般猶如「愛情雞湯」的兩性書，或是片段破碎的兩性關係問答，這本書非常全面而完整地舉出例證、分析因果、提出建議，更厲害的是：作者許醫師還能告訴你，怎麼樣具體練習處理某一項關係所產生的問題，這是我以前從來沒有看過、深感自嘆不如的。

你知道光靠愛情不能解決所有問題嗎？你知道一個人跟你「合」比「好」更重要嗎？如果答案都是確定的，那我再問：你想跟相愛的人在一起嗎？你想跟對方長久而且和諧的相處嗎？《是愛不是礙，是伴不是絆》這本書是你最好的、應該也是唯一的選擇。

推薦序

找到方向，重新出發

身心靈作家　張德芬

許瑞云醫師的新書終於要出版了，這真的是一本非常貼近真實情境的親密關係綜合解析，書中的案例很多都是伴侶之間經常面臨的問題，凡是曾經處在一段關係中的男男女女，應該都可以在這本書中看到許多似曾相識的遭遇。

「如何創造和維繫一段良好的親密關係」其實攸關個人人生的幸福程度，但我們的社會與教育，幾乎從來沒有把這件事以認真重要的態度對待，甚少用理性專業以及系統化的方式，讓每個人都有機會好好思考培養和學習這個對個人與社會文化影響深遠的能力。

本書談的正是親密關係，從個人如何選擇一個對的、適合自己的伴侶開始切入，再討論一旦關係中的兩人發生衝突時，該如何因應，才能讓關係回穩，找到其中的平衡點，或至少可以在衝突發生時保護好自己和對方，不會讓關係中的兩人因為在處理兩個個體間必然有的差異時，受限於不知道有什麼更好的可能做法，而採取一些並不理想，甚至還可能傷害彼此的方式，書的最後內容則是探討如何創造維繫一段良好的親密關係，讓雙方透過日常生活中的互動，不斷在愛的戶頭中累積儲蓄。

對我來說，除了書中的個案故事易懂又貼近生活情境，這本書更讓我驚豔，迫不及待想跟大家分享的原因，在於作者不只是提出問題與面對問題的心法，更難得的是，書中有很多具體可行的練習做法。很多時候，就算是再理智、再有智慧的人，在親密關係裡，都可能陷入困境。當一段關係已經走得太遠，好像再也無法回歸最初兩人相識時的相愛相契，甚至成為彼此生命的巨大壓力來源時，人難免會陷入慌亂中，不是衝動地做出一些不理性的回應，就是突然腦中空白，不知道下一步何去何從。

書中的練習，明確又簡單地幫助每個身處在關係中進退維谷的人，看清自己的狀態、覺察自我內在、平撫不安情緒、創造有效溝通，就算是一段關係已經到了難以為繼，必須劃下句點時，也能練習透過心念的調整，在不需要面對面的情況下，讓兩個人的能量緩和下來，由衷地彼此祝福，繼續往各自的目標前行。

相信本書的出版，能夠幫助在親密關係中徬徨猶疑的人，找到方向，重新出發。

推薦序

幸福絕對有秘訣，生活應該要經營

富邦文教基金會執行董事　陳藹玲

結婚至去年滿三十年。孩子從幼稚園開始，到現在幾乎都是適婚年齡，之間時不時就問我們：「爸爸、媽媽，你們為什麼結婚？」、「媽媽（爸爸），你喜歡爸爸（媽媽）哪一點？」、「你們為什麼吵架？誰先認輸？」……

孩子們的問題，我可是認真看待的，所以每每為了給孩子們一個負責的答案，我都仔細思索、坦誠以對。感情的事如人飲水、冷暖自知，不過總有些過來人的經驗之談，所以縱然也許有人不以為應該和下一代分享「大人的事」，但我覺得這是一種切身的情商教育，對自己和孩子都意義非凡。

說也好玩，這些年來給的答案，關於結婚的理由和欣賞對方的地方一直沒變，但處在夫妻關係中的心情卻像坐雲霄飛車般地起伏上下、非常不同。從年輕氣盛、彼此都自視甚高，誰也不讓誰地經常熱吵冷戰，到四個孩子陸續加入，一方面有更多的連結、一方面也因教養問題更加深歧異；漸漸年紀增長，學會用不同角度看對方、同理不同角色上的所有人、懂得調整心念面對挑戰，家庭和個人終於進入比較圓融的狀況。到現在老夫老妻架照樣吵，但火氣、頻率和時間長度已經短減了許多！生活一起的樂趣更為雋永，也擁有許多自我成長的喜悅。

此時回過頭發現，進入婚姻之後，每一天都要學習如何經營感情和家庭。也因此深刻覺得，如果有人早一點告訴我們相處之道，這三十年中間是否會多一些歡樂、少很多苦惱？

所以很開心，此時有許瑞云醫師這本新書出現！

認識許醫師以來，上過她許多課也讀了她每一本書，受益良多，但必須說這本書更有價值！雖然書中談的是伴侶關係，卻也離不開其他親密關係的關聯，包括父母、手足、家人、好友等等。和這些「重要他人」相處的點點滴滴，尤其是不開心的摩擦、種種喜怒哀樂，深深影響我們的情緒，牽動著環環相扣的每個人生。這些年來親身體會到，情緒和身體緊密相連，一時的暴怒會讓背痛到難以成眠，情緒的隱忍使胃腸消化不良，壓力更是萬病之源，確信所有的身心病痛，都和每天上演的人生戲碼有關，甚至可以追溯到已經遺忘的久遠糾結。

這些人生中最重要的事：人際關係、情緒管理、面對失敗挫折、面對死亡……偏偏學校都沒有教。

所幸在這本書中，大家可以一探究竟。

書中每個案例，感覺這些情節就出現在身邊，有的甚至就是自己的故事翻版。藉

著許醫師的解讀分析，可以找到相似的問題和因應方法。最關鍵的是練習題：

如何欣賞伴侶？

如何面對衝突？

如何「帶著愛說不」？

面對衝突時，如何自我保護？

如何面對三角習題？

重新點燃愛的能量

……

照著許醫師的提點，好好反思，並具體運用在身上，絕對可以看到驚人的改變。

在閱讀這本書的同時，我試著把重點畫線，發現每個篇章中都有金玉良言。例如：

有人會說：「我們的理念不合，所以無法相處。」事實上，理念不合從來不是問題，如果能夠彼此尊重，不抱持想要對方做出符合自己期待的回應，還是可以和平共處。

人間萬事萬物本來就不可能事事盡如己意，既然事實已經發生，我們可以做的選擇，並不是去改變別人，而是改變自己。

一旦我們願意為自己的生命全然地負責，不再期待或等待他人做出改變，才可能真正感到輕鬆自在。

我們愛別人，更要愛自己，不要一心只想著犧牲自己、顧全大局，應該學著如何做到「共好」。

更多更多的智慧結晶在書中等待著你，可惜啊！我沒有早一點讀到這些提醒，不然在學做人妻、人母、人子跟做自己的路上，就可以平順快樂很多！

從不覺知到知道，就是力量，但人類是健忘的動物，必須反覆地提醒自己身體力行，才能從中得利！

幸福絕對有秘訣，生活應該要經營。謝謝許醫師的珍貴分享，但師父領進門，修行在個人喔！大家加油！祝福！

自序

為生命帶來更美好的轉變

美好的伴侶關係從來就不是唾手可得，兩個人願意結婚共組家庭，常常是因為希望一生相知相守，天長地久。但許多人在進入婚姻後，卻發現婚姻生活和預想中的美好人生相差甚遠，當初交往時美好的愛情怎麼一下子走味變調，難怪很多人都說婚姻是戀愛的墳墓。

陷入愛河中的兩人，總是深信對方就是自己的Mr. Right或Miss Right，彼此是如此契合，心心相印，時時刻刻都只想和對方在一起，由衷感謝上蒼讓我們終於遇到對的人！所有為對方做的事，都是發自內心、樂在其中，恨不得付出自己的所有，並且深深相信這份熾愛一定可以一直延續下去……

可是一旦過了熱戀期，人就會恢復理智。那樣令人心醉神迷的熱戀時期，通常不會太久，許多研究顯示，一段親密關係的熱戀期大約介於三個月到兩年之間。只要想到或看到對方就幸福滿溢的美好時光，頂多也就維持兩年。一旦過了熱戀期，我們就會開始看到對方的缺點，甚至開始對於伴侶有的種種「不良」習慣或問題難以忍受，不是意見很多，就是看不慣很多事情，甚至出現爭吵、冷戰、相互批評等攻擊行為。一旦這些

負面事件的發生頻率遠大於愛的互動時，關係中的兩人就會愈來愈不滿、愈來愈失望，時間一久，也許就會動了分手或是尋找下一段關係的念頭。

因此，維繫一段愛的關係，除了要了解並選擇適合自己的對象之外，懂得如何相處與經營，更是讓親密關係長保美好和諧的關鍵所在。談過戀愛的人都知道，相愛容易相處難，隨著年歲增長，有些人會變得更加圓融寬和，更懂得尊重他人，與人為善，但也有些人雖然年紀漸長，卻愈來愈固執己見，與人相處有稜有角，毫無彈性。當一個人愈缺乏彈性與柔軟度，就愈容易受傷與傷人。如果能夠從共好的角度出發，互相尊重，才能共創雙贏的契機。愈有彈性、愈能放下自我的人，生命才會愈自在。因此，如何經營屬於自己的美好親密關係，跟另一半好好相處，是每個人一生都需要學習的功課。

我自己也曾在感情路上跌跌撞撞，幸運的是一路走過來有倒吃甘蔗的感覺，也許是當自己愈來愈成熟圓滿，會懂得如何選擇適合自己的伴侶。也會懂得如何愛自己和愛對方，自然跟伴侶的相處也會愈來愈和諧。很感謝過去的經驗所帶來的學習與成長，也很感恩多年來無論是在診間看診、從事學生諮商，還是帶領工作坊，協助不同年齡層的人修復各自的伴侶關係，看著很多人從對另一半相看兩厭，轉變為相愛攜手同行，又或是從相敬如冰／兵的狀態，理解到彼此真的不適合，能夠好好放手祝福對方，我真的很感動，發自內心地為每個人感到開心和祝福。

也是因為伴侶關係與個人幸福感以及家庭的和樂和諧息息相關，所以花了很多心力完成這一本有關兩性關係的著作。本書仔細地從如何選擇適合自己的伴侶、如何化解無可避免的衝突，到如何建立更親密有愛的連結，透過真實案例（基於保護個人隱私，酌做細節調整）揭示親密關係中可能面對的各式煩惱、困擾或難題，並在章節中附上實用又簡易的心念練習或能量調整小撇步，幫助讀者在閱讀之外，還能運用這些練習，具體地做出改變。

除了少數的例外，幾乎每個人的生命中都會經歷伴侶的功課，親密關係往往因為特別讓人在乎，所以更加容易感到受傷或失望。無論您現在處於何種伴侶關係中，已婚、離婚、單身、同性伴侶、冷戰狀態、吵吵鬧鬧、幸福快樂、相敬如冰……都希望這本書能為您的生命帶來更美好的轉變與支持。

目錄

Chapter 1

如何選擇適合自己的伴侶？

Chapter 2

相愛容易相處難，如何化解伴侶之間的衝突？

Chapter 3

如何創造和維繫親密關係

Chapter

1

如何選擇
適合自己的伴侶？

我們都知道，經營一段美好的婚姻關係並不容易，所以最好在婚前謹慎選擇真正適合自己的伴侶，想要維持美滿的婚姻就會容易許多。有位專門研究婚姻關係的約翰．歌特曼教授（John Gottman）認為，一段關係中有百分之七十的問題是無解的，所以婚前就要好好考慮清楚雙方的適合度，畢竟這些差異性在婚後無論怎麼努力也很難被改變。這正是不少人歷經了很多段感情，甚至進出婚姻好幾次，總覺得自己遇人不淑的原因，其實根本的問題可能早在最初選擇對象時就已經出現了。

選擇伴侶是需要學習的，但是在成長過程中，幾乎沒有人教導我們該如何選擇伴侶，也少有人提醒我們婚前應該注意哪些事情，好像時間到了，自然就會懂了。如果國、高中時期就讀男女分班，認識異性、和異性相處的機會就又更少了。由於缺乏足夠的理解與學習，一旦開始談戀愛，很容易遭遇困難卻不知如何解決。

經營親密關係的困難在於人與人之間往往有不同的想法和經驗，如果一味堅持己見而不懂得適度妥協，或是過度委屈自己，無法為自己爭取應有的合理對待，都可能因此錯失適合的伴侶。所以，我們的兩性教育應該要從小教起，一方面有助於理解他人，一方面也能幫助自己在未來的人生階段，創造更理想的親密關係。

關於如何選擇適合自己的伴侶，有幾個重要層面必須深入思考，以下針對幾個關鍵因素做探討。

何謂門當戶對？——雙方的相配程度

信楷從小就很會念書，人又長得高大帥氣，加上脾氣溫和、溫文儒雅，所以很多女生會主動向他示好。

信楷讀高中的時候，年紀相仿的和秀很喜歡他，天天都到信楷家巷口等他，為的就是跟他一起搭公車上學，兩個人經常在車上聊天，信楷也覺得和秀溫柔可愛，自然而然地就開始交往。

和秀不是很聰明的女生，也不太愛念書，高中畢業後就沒有繼續升學，倒是信楷不負眾望，大學考上了第一志願，這讓和秀的父母對他更加滿意，覺得信楷的條件好、有潛力，是個不可多得的好女婿。為了怕信楷被別人搶走，和秀的父母早早就催促著信楷和和秀趕快結婚。

但是，信楷的父母覺得信楷還年輕，加上和秀只讀到高中就沒有再升學了，兩人的見識和生活型態相差太遠，所以並不贊成這門婚事。不過，信楷人生中第一次交女朋友，覺得既然雙方真心喜歡，相處起來也算融洽，結婚應該不會有太大的問題，所以他不顧父母的反對，大學還沒畢業就與和秀私下去登記結婚。

婚後信楷一路順利升學，拿到了博士學位，畢業後事業青雲直上，每天都忙得不得了。和秀原本在百貨公司當專櫃小姐，但是隨著信楷收入愈來愈高，經濟生活變得寬裕，她覺得不差這麼一點薪水，就辭掉工作回家。但她每天在家閒來無事，不是找朋友打麻將、聊天，就是去百貨公司血拼。私底下，和秀跟信楷已沒有話說，信楷有興趣的話題，和秀既不了解也插不上話；而和秀喜歡逛街、聊八卦，對信楷來說不但浪費時間，也沒有意義。婚後兩人的生活幾乎沒有太多交集，彼此漸行漸遠，到了後來，信楷受不了這樣冷漠的婚姻關係，決心跟和秀提出分手的要求。後來，雙方家長出面協調，信楷同意給和秀一些房地產和為數不少的錢，她才答應離婚，還給信楷自由。

中國傳統的婚姻觀是男主外、女主內，男生負責在外面打拚賺錢，女生負責生兒育女、照顧好家庭，至於兩人的生活是否有交集，能否成為心靈伴侶就無關緊要了。但是，現代人的婚姻觀大多期待的是伴侶關係和諧，和另一半互相扶持，一起成長。如果希望找到心靈契合的伴侶，那麼雙方的知識範疇、教育水準、智慧、能力最好能夠旗鼓相當，或至少不要差距太遠。所謂的「門當戶對」，並非是要結親的兩個家庭在財富或社會地位方面相等，更重要的是即將成為伴侶的對象能有相近的價值觀與學識背景。如果你希望和另一半能夠相知相惜，就要找一個可以溝通、互相了解，有共同志趣，且願意一同成長和彼此分享的人，這樣才有可能攜手共度一生。

很多人外遇的對象是工作上的夥伴或同事，這是因為「近水樓台先得月」，彼此容易有共同話題和興趣，所以往往愈談愈投機，才會一不小心失了分寸，誤踩紅線。此外婚後如果一方選擇待在家裡，而另一方在外面打拚，在工作上不斷努力、成長，雙方的智識與能力就容易愈拉愈遠，漸漸變得無話可說。即使夫妻兩人未必感情不佳，但看似平靜的婚姻底下，可能暗潮洶湧、危機重重。所以，無論伴侶是否外出工作，還是要經常找時間聊天、分享心事，就算太太專心操持家務、照顧一家老小，也要懂得充實自己，追求自我成長，才不會因為生活重心不同，而導致彼此的差距愈來愈大。

很多家庭主婦安於現狀，喜歡把時間用在追劇、看八卦新聞上，等到孩子長大，不需要人照顧了，想要再回到職場二度就業，此時往往會很困難；或是到了中年空巢期，家裡只剩下自己跟先生，彼此卻沒有共同話題，生活變得乏味空洞。所以無論是職業婦女或家庭主婦，都要好好運用閒暇時間，千萬不要白白浪費。

一個人要喜歡上另一個人並不難，尤其是兩人剛開始談戀愛時，由於正值熱戀期，一切都顯得很美好，相約吃飯、喝咖啡、看電影，聊聊自己和家人的事情，輕鬆自在。但一段關係要能走得長遠，光是這個程度的溝通遠遠不夠。每個人的生命寬度和深度不盡相同，對人生與未來的期待和規劃也有所不同，如果雙方的觀念或關注的事情差距太大，就很難建立深刻長遠的穩定關係，心靈也很難產生更緊密的連結與羈絆。所以在尋找結婚對象時，應該要看看對方是否能夠溝通，與你有相近的價值觀。很多時候，別人眼中最理想的對象，未必就是最適合你的對象。

練習題　選擇伴侶時，試著問問自己下列幾個問題

1.我跟伴侶的心靈契合嗎？我們喜歡一起成長嗎（閱讀、參加工作坊、參加修行、團契等活動）？我們對未來的生活藍圖和目標是否有共識呢？（例如：想存錢買房子？想住在鄉下？想要有孩子？喜歡利益眾生、服務人群？喜歡環遊世界、周遊列國？喜歡做環保或當志工……）

2.我和伴侶有共同話題嗎？很多人剛開始交往時和對方很有話聊，因為彼此都還很陌生，可以暢談有關自己的一切，但是相處一段時間之後，總不能老是談自己和家人的事。除了這些家常話題之外，是否有其他的共同話題呢？

3.我可以了解伴侶的想法嗎？對方願意跟我分享他的想法和心事嗎？我們願意了解彼此的工作性質嗎？

4.我和伴侶的社經地位和教育水準相似嗎？可以互相溝通嗎？當伴侶跟他人深入談話時，我可以理解，並且充滿興趣，甚至輕鬆地參與討論嗎？或是只能鴨子聽雷、插不上話，在一旁感到枯燥無味呢？我是不是伴侶最好的談話對象和朋友呢？

5.我和伴侶相處時自在嗎？在對方面前，我是否一直戴著面具呢？我有沒有什麼害怕對方知道的秘密呢？

以上這幾個問題，如果答案都是跟對方背道而馳的，那麼也許你們還需要更多的時間和更深入的觀察，才能確定彼此是否真的合適。

金錢觀——
未來是否會為錢爭吵呢？

祐任跟瑞雯是一對人人稱羨的金童玉女，兩人都有理想的職業，生活穩定、經濟無虞，但婚後兩人卻天天為了財務問題爭吵不休，家裡沒有一天安寧。

祐任的母親是家庭主婦，一向勤儉持家，總認為能省就省，可以自己做的事就不應該假手於他人。從小到大，她就不斷對祐任耳提面命，錢要省著用，不要等到哪天沒有錢了，才知道沒錢的痛苦。瑞雯的母親是職業婦女，因為工作繁忙，所以請外傭幫忙料理家務，自己也很捨得在休閒娛樂和衣食住行上花錢，耳濡目染之下，瑞雯認為既然自己的收入不錯，也要懂得犒賞自己才行，家事勞務可以請人代勞，不需要事必躬親，反正錢再賺就有了。

祐任和瑞雯對金錢的觀念相距極大，如果賺了十元，瑞雯至少會花掉八元，但祐任則是至少要省下八元。所以，對瑞雯來說，祐任根本就是個守財奴；相對地，祐任覺得瑞雯無疑是個敗家女。每次買東西，祐任都喜歡逛夜市、貨比三家，選擇最便宜的商品，瑞雯則喜歡到百貨公司購物，堅持一分錢一分貨，品質重於一切。關於金錢使用方法，「公說公有理，婆說婆有理」，兩人都認為是對方的金錢觀大有問題，根本無法取得共識，誰也不讓誰，所以結婚沒兩年就因為怎麼用錢吵得不可開交而離了婚。

很多婚姻破裂的原因是來自夫妻的金錢價值觀不同，但其實金錢觀沒有所謂的對或錯。每個人有不同的角度和認知，重點在於婚前要仔細了解另一半對金錢的觀念。關於婚後財產如何管理、日常生活開銷如何分配、孩子的教養費用、娛樂支出、孝親費、逢年過節紅包禮金要準備多少、個人消費等等金錢用度，都要好好討論，看看彼此能否達成共識。尤其是打算生孩子的夫妻，孩子出生後，金錢應該如何支配規劃？是否要有一人專職在家照顧孩子，還是請保姆代勞……都必須事先溝通清楚。

如果想要避免婚後動輒為了錢爭吵，婚前慎重討論、達成共識就很重要，必要的話，不妨擬訂一份婚前協議書。很多人覺得簽婚前協議書是傷感情的事，但是換個角度想，它其實是對愛的付出與承諾。因為相愛，所以希望彼此和諧共處，即使萬不得已走到分開那一步，兩個人也可以好聚好散。

談戀愛的時候是盲目的，看到對方什麼都好，無論有什麼要求，都會不假思索地答應，但是婚後很多人會開始質疑，覺得什麼都變了。不少研究顯示，如果伴侶之間對花錢消費的方式沒有共識，不見得會爭吵，而是選擇說謊，例如：先生不同意太太花錢買名牌包，太太實在很渴望擁有它，於是偷偷砸了大錢買回家，卻說是趁百貨公司大拍賣、價格超實惠才入手的；或是太太不同意先生不斷在電腦用品上花錢升級，但先生還是克制不了想買的衝動，辯稱是公司年終尾牙時抽中的獎品。這種刻意欺瞞的方式，很容易讓伴侶之間愈來愈難以坦誠相待。如果你希望和另一半保持誠實互信的關係，最好能夠對金錢使用的標準達成共識，即使無法辦到也要能夠互相尊重。

是否了解和接受伴侶跟原生家庭的關係呢？

嘉儀的男友建樑是獨生子，從小就跟媽媽感情極好，即使建樑早已成年，媽媽還是把建樑當成小孩看待，對他的控制無所不在，小到日常生活的時間安排，大到一些人生的重大決定，都要求兒子照她的意思去做。雖然建樑有時也會覺得媽媽管太多，但是為了避免讓她不開心，還是習慣以媽媽的意見為依歸。

嘉儀也覺得建樑的媽媽很強勢，有幾次她和建樑的爸媽一起吃飯，過程中只要稍有不順建樑媽媽心意的事，她馬上就會一臉鐵青，讓整個氣氛頓時緊張起來……嘉儀有時候不禁懷疑，如果自己和建樑結婚了，真的能夠跟這樣的婆婆和平相處嗎？

當你決定和另一半走入婚姻、共組家庭前，最好能先了解對方原生家庭的狀況，包括家人之間的關係與互動模式、彼此有什麼期待、需不需要跟公婆或岳父岳母同住、婚後姻親如何往來……種種問題，開誠布公地做討論，進而達成共識。

每個家庭的習慣和相處之道都不一樣，有些家長比較獨立，不想跟已婚的孩子同住，也不太會干涉成年的孩子。但有些家長無論孩子多大，總還是對孩子不放心，以嚴格管控的方式要求他們配合，甚至期待婚後一定要跟父母同住。有些家庭凝聚力強，家人之間情感深厚，逢年過節都會一起過；也有些家庭的關係疏離，家人之間互動不多，總是各忙各的；有些家庭重男輕女，有些家庭兩性地位較平等；有些家庭習慣用大聲爭執的方式溝通，有些家庭則忌諱大吼大叫……婚前務必花時間認識了解對方的家人，因為一個人的個性、習慣、想法往往很難改變，從小生長的家庭環境影響甚鉅，所以與其希望另一半在婚後會依循自己的期待而有所改變，不如婚前就先好好了解，確認自己可以適應對方的個性，或有一定的心理準備後，再步入婚姻。

很多與原生家庭處不好的人，成年後選擇另一半時，往往特別容易受原生家庭凝聚力很強的對象吸引，希望自己也有機會享受與家人的親密關係和歡樂氣氛。但有時候這樣的想像可能過於天真，如果認為對方的家庭關係緊密，就一定適合自己，反而容易在婚後遇到很大的問題。

在婚前，最好能夠從幾個面向，好好觀察一下對方的原生家庭：

1. 伴侶的父母感情好不好？解決衝突的模式是什麼？父母感情的好壞對於孩子的影響很大，能夠好好相處的父母，往往會給孩子留下良好的示範，例如：父親懂得分擔家事，能夠尊重、體貼母親，或是母親很能支持父親。在父母相處和諧、感情融洽的家庭中成長的孩子，情緒往往會比較穩定，也比較懂得如何與人相處。

如果對方的父母感情不好，那麼要留意他們是否把其中一個孩子視為情感的依

靠。一般而言，母親較傾向親近兒子，父親則傾向親近女兒，在這樣的環境中，孩子很難跟未來的伴侶產生好的連結，日後他們的伴侶有時反而會變成介入和父母之間的「小三」角色。

2.伴侶的兄弟姊妹之間感情如何？是否有任何精神上的問題？或是像酗酒、吸毒、賭博等不良嗜好上癮問題？家裡只要一個孩子出了狀況，其他人都無可避免地要一起承擔，所以如果對方的兄弟姊妹之中有這樣的問題，就要有和伴侶共同面對的心理準備。

3.伴侶父母對孩子有什麼期待？是期待孩子要聽話，最好百依百順，還是獨立自主，能夠自己處理人生中的各種問題呢？而他們對孩子的伴侶又有什麼期待呢？

4.伴侶與家人之間的相處模式為何？有些家庭成員的個性都很急躁，有些家庭成員則習慣拖拖拉拉；有些家庭成員會想要掌控其他人，但有些家庭成員則總是喜歡依賴他人。如果對方是家中的老么，是否習慣於聽命他人？家中成員是否會想要掌控或管束他的伴侶呢？

建議婚前一定要常跟伴侶的家人往來，好好觀察他們的互動模式，看看自己是否能夠接受，千萬不要期待婚後對方和家人的互動模式會有所不同。熱戀時期是雙方最願意為了對方犧牲和改變的時候，所以此時做出的判斷經常都不太準確；等到熱戀期過去，往往才能做出比較客觀理性的判斷。

有些人跟家人互動密切，每個禮拜一定都有家庭聚會；有的人跟家人很少往來，頂多逢年過節時才會聚在一起。有的人無論大小事都會稟告父母，聽從父母的決定；有的人認為自己已經成年了，不需要什麼事都跟父母報告，堅持保有個人隱私，自己做決定，不讓父母干預。無論是什麼模式的親子關係都沒有對錯好壞，重點在於理解每個家庭都不一樣，千萬不要把自己的家庭互動模式，視為唯一的標準，認為這才是正確的，如果別人不一樣，就是對方有問題。

若是想要跟另一半好好地生活在一起，一定要懂得彼此尊重，不要企圖改變別人的家庭，而是要學著融入，這樣才能相處愉快。要是真的無法適應或接受不了對方的家庭，很可能導致一段感情的結束。畢竟戀愛時伴侶雖然是最重要的人，但是熱戀期一過，有血緣關係且從小一起長大的家人，往往讓人更難以割捨和放棄，大多數人還是會以原生家庭為重。一對伴侶若為了對方的原生家庭而爭執不斷，吵久了難免破壞感情，無形中就會讓兩個人的距離漸行漸遠。

對家務事的分配和期待

宗才是軟體工程師，晶齡則在銀行服務。他們在網路交友社團認識沒多久，就開始交往。晶齡小家碧玉又單純溫柔的模樣，深深吸引著宗才，而晶齡對於宗才頭腦清楚又犀利的邏輯思考、凡事都有主見的個性非常傾心。兩個人的感情發展迅速，交往半年後，晶齡懷孕了，於是小倆口就順理成章地奉子成婚。

婚前晶齡就聲明婚後不跟婆家同住，所以雙方父母各出了一點錢當作頭期款，讓他們夫妻買下一間新房子，兩人過著平凡夫妻的生活。但是，婚後沒多久，晶齡就覺得宗才想法非常主觀，難以溝通，生活習慣又不好，衣服雜物常常隨手亂扔，把房間搞得亂七八糟！每天下班回家或是休假日，宗才總是關在房間裡上網玩遊戲，不幫忙做家事，還要求在外面上了一天班回到家的晶齡，挺著大肚子辛苦地做家事，讓她感覺又氣又委屈！就算她每天好說歹說，宗才仍然左耳進右耳出地無動於衷。

宗才對於婚後的晶齡開始感到不解和厭煩，當初那個小鳥依人、凡事聽話的小女人，怎麼婚後就變了一個人似的，整天不是嘮嘮叨叨，就是和他鬥嘴吵架。自己上了一天班，累得要命，回到家不就是應該放鬆一下，好好休息嗎？在家裡可都是媽媽一手包辦所有的家事啊！其實他不是不想幫忙分擔家事，只是覺得不必急著馬上做，等週末有空再做就好了。為了避免和晶齡不斷地爭執，他只好把自己關到房間裡，眼不見為淨。

結果結婚才幾個月，孩子都還沒有出生，宗才和晶齡就為了做家事吵翻天了！晶齡好後悔自己對宗才認識不清就糊裡糊塗地懷孕結婚，現在真的是後悔莫及。

婚姻既是兩個人共組家庭，如何分配家事，對婚姻關係的影響自然很大。如果雙方對家事分配沒有共識，很容易一言不合而爭吵，若是沒能好好處理，甚至會導致婚姻破裂，走上離婚一途。在華人文化裡，往往認為家務事是女性的責任，多數男性從小就不曾被要求幫忙做家事，而傳統的家庭教育也大多強調男主外、女主內，又說「君子遠庖廚」，所以男性幾乎從來不進廚房，也不分擔家務，只要負責賺錢養家。時至今日，雙薪家庭愈來愈多，無論男女都要外出工作，所以愈來愈多女性期待先生回到家，也應該幫忙做家事、帶小孩，而不是一回家就蹺著二郎腿，什麼家事都不做，等著太太伺候他。

根據調查顯示，大多數男性所分擔的家事約只占所有家務的百分之十到百分之三十，其他百分之七十到九十還是由女性完成，這造成很多太太的抱怨和不滿。從調查中得知，男女性對於幫忙做家事的期待與認知落差很大。現代女性認為既然夫妻雙方都有全職工作，家中各項事務應該平均分配才合理，但大多數男性卻覺得自己有幫忙就已經很難得了！畢竟他們的父執輩會幫忙做家事的簡直少之又少，家務事從來都是媽媽的工作。

如果兩人在婚前同住一段時間，看看彼此對於家事分配是否能夠達成共識，這樣婚後或許可以減少很多不必要的摩擦和不愉快。其實男性如果願意勤快些，和另一半共同分擔家事，主動扛起粗重的家庭勞務，太太往往會感到非常開心和滿足，婚姻也會因此更加幸福美滿。此外，婚前同住的時候，可以把所有家務事列出一張清單，討論如何妥善分配。如果婚後有了小孩，家務事加上照顧小孩的工作量勢必加倍，可能會引起衝突和反彈，此時不妨仔細觀察對方的積極度和配合度，看看在時間安排上是否能有彈性。

至於女生則要懂得包容，並且不吝於鼓勵、讚美和支持願意做家事的另一半。畢竟多數男性從小沒什麼機會做家事，對很多女性而言是理所當然、做起來得心應手的家事，可能讓他們備感困擾，覺得吃力不討好。因此千萬不要直接批評先生做不好，或是大聲指導，就算結果不甚滿意，也要念在對方願意幫忙分擔的份上，表示感謝，並用溫柔和緩的語氣給予協助，否則只會讓他們愈做愈氣餒，一旦挫折感太重，就更抗拒做家事了。

倘若先生願意分擔家務，就算做得不熟練，至少他還是願意學習，一定要發自內心地讚賞他；此外，也要讓先生知道妳對於他願意分擔家事感到非常開心，肯定他是一個很棒的老公。用感謝讚美的態度回應另一半分擔家事的用心，自然會讓他更有動力去做，慢慢地就可以把做家事轉化成一件讓夫妻雙方都覺得愉快的事。倘若先生試圖分擔家事，卻招來太太的批評和嫌棄，讓夫妻倆都覺得不滿、不開心，那麼做家事就會變成讓人避之唯恐不及的苦差事了。

婚前最好先了解未來的公公婆婆是否支持兒子分攤家事，特別是如果婚後得跟婆家同住，一定要先觀察他們對家事分配的情況和看法，才能判斷日後加入這個大家庭，自己能否得到合理的支持或足夠的協助。至於如何觀察，其實並不困難，只要找機會到伴侶家裡吃幾頓飯，或是逢年過節家家戶戶都在大掃除時，看看伴侶需不需要幫忙，就會知道他是否願意分攤家事。

每個人對乾淨、整齊的標準大不相同，有的人覺得每天拖地是理所當然的，有的人覺得地板一個月掃一次都太多了。所以除了列出所有家事清單之外，還應該坐下來好好討論一下細節，例如碗是否應該要餐餐飯後洗，還是可以留到晚上睡覺前，甚至隔天再處理？衣服需要多久洗一次？地板多久拖一次？床單、被套洗滌替換的頻率？廁所需要每週打掃嗎？甚至是男生上廁所的習慣好不好……太多的細節其實不容易預先想得很透徹，但是至少可以對彼此的標準和想法有所了解。

此外，最好避免奉子成婚，因為兩個人剛剛走進婚姻，要適應婚姻生活本身就已經困難重重，再加上一個新生兒，只會讓難度倍增！婚姻初期最好不要馬上懷孕，如果可以等到婚後一段時間，彼此都適應婚姻生活，經濟也算穩定後，再來考慮生養孩子，這樣壓力會小得多，也比較不會因為生活衝擊太大，導致情緒不穩，使得婚姻生活難以為繼，甚至造成勞燕分飛的結局。

對孩子的教養方式是否同調？

蓉瑩是在自由開放的家庭環境中長大的，從小她的父母就給孩子很大的自主空間，從來不逼迫她和弟弟一定要念書才行，所以她一直都過得很隨興，也順著自己的天賦與興趣去選擇升學與就業的方向。由於蓉瑩的父母習慣晚睡，從來不干涉孩子幾點上床睡覺，這也養成了蓉瑩晝伏夜出的生活作息，從小到大都是夜貓子。

百成的家庭恰好是另一個極端，他的爸爸媽媽一直在公家單位服務直到退休，全家人的生活都很規律且做事井井有條，造就了他凡事一絲不苟、謹慎持重的性格。百成從小就被要求一定要好好用功念書，在父母的殷殷期望和重視之下，他的學業成績一向很好，在班上總是名列前茅。從小到大，百成也跟著父母養成早睡早起的生活習慣。

兩人剛開始交往時，百成深受蓉瑩的自由不羈和浪漫隨興所吸引，她經常帶給一板一眼的百成許多驚喜，也很欣賞百成的成熟穩重和中規中矩，讓人覺得安心可靠，值得信賴，沒想到婚後生活在一起，許多問題陸續出現，尤其是在有了孩子之後，夫妻常常為了孩子的教養問題起衝突。

百成總愛用自己從小生長的生活經驗來證明他的理念才是對的，兩人有時吵得兇，他甚至會批評蓉瑩和她的家人沒有規矩，生活亂七八糟，簡直是一團混亂！而蓉瑩在盛怒之下，也會口不擇言地脫口而出，說百成和他的家人根本就沒人性，生活一點樂趣都沒有，跟他們生活在一起，就跟在軍中服役或是在監獄坐牢一樣，令人感覺窒息。

原本百成和蓉瑩熱戀時，在彼此眼中最吸引人的地方與特質，在婚後卻成了令人深惡痛絕、避之唯恐不及的缺點，也因為對孩子的教養觀念天差地遠，而讓他們難以忍受，最後導致婚姻無法繼續走下去。

一個人養育孩子的方式與觀念，很多都承繼自原生家庭。有些人會不自覺地延續原生家庭的教養模式，有些人則會刻意採取和原生家庭背道而馳的方式來教養孩子。所以，婚前最好能多去了解彼此的童年生活，以及另一半對於父母從小到大的教養方式有什麼看法，是否認同，以及不認同處在哪裡。

步入婚姻之前，最好雙方就能討論，若婚後雙方都從事全職工作，一旦孩子出生後，要交由誰來照顧？如果對孩子的教養方式產生分歧，該如何解決？你們希望帶給孩子什麼樣的童年……各式各樣的教養問題，婚前就要盡可能多多交流，達成共識。

無論兩人戀愛時多麼甜蜜契合，一旦想要結為連理，有共組家庭的打算，一定要盡可能了解對方教養下一代的理念。千萬不要以為結了婚之後所有問題就會迎刃而解，如果發現對孩子的教育有著大到難以跨越的鴻溝時，最好能夠好好商議，日後才不會因教養方式落差太大，導致家庭失和，婚姻也因此無法繼續走下去。

你和另一半有共同興趣和相近的休閒方式嗎？

毓德和欣頤這對夫妻的個性可說是南轅北轍，欣頤個性活潑外向、大方開朗、喜歡交朋友，而毓德則是謹慎寡言、個性安靜、不擅社交。當初談戀愛時，毓德覺得欣頤陽光又耀眼，跟她在一起，自己的陰鬱也一掃而空，覺得開心又舒服。而欣頤則被毓德帶點神秘的陰柔氣息所吸引，毓德喜歡靜靜聽她侃侃而談，她可以感覺到毓德對自己很用心，非常在意她的感受。

但是交往一年多之後，兩人開始覺得彼此的距離似乎很遙遠，很難找到共同喜歡的事情。熱中團體行動的欣頤喜歡跟朋友們相約聚會，一起聊天、逛街、爬山、運動，一有空就往外跑；而討厭戶外活動的毓德覺得難得的假日還要社交很累，也不喜歡要跟一群不熟的人說些不著邊際的客套話。他喜歡和欣頤兩人一起待在家裡看看書、上上網，彼此不必多說什麼，只要安靜地在一起就很好。久而久之，欣頤開始覺得毓德既孤僻又無趣，而毓德也覺得欣頤一直靜不下來又說個沒完沒了，聒噪又煩人，兩人從最初的相看兩不厭，漸漸變成愈看愈討厭。

休閒活動是家庭生活中不可缺少的一環。很多夫妻後來會無話可說或是沒有交集，都跟彼此的休閒嗜好截然不同有關。雖然有人認為夫妻可以各玩各的，未必要有志一同或是一起從事休閒活動，但是如果完全無法參與對方感興趣的事物，兩個人就容易漸行漸遠，或是愈走愈孤單。

兩個人在一起，除了共患難，能夠一同享樂也是培養感情很重要的管道。如果一對伴侶有很多樂趣無法共享，一旦其中一方遇到其他志同道合的人，一不小心就容易擦槍走火，移情別戀。所以，伴侶之間最好有一些共同的興趣嗜好。如果其中一方喜歡跟朋友熱熱鬧鬧地聚在一起，去夜店或夜市喝個痛快，但另一半卻喜歡安安靜靜地走入山林鄉野、親近大自然，基本上喜好如此極端的兩個人很難長久生活在一起。

除了休閒興趣之外，兩個人的生活習慣或喜歡的生活型態也很重要，有的人是夜貓子，白天精神不濟，但是當夜幕低垂、黑夜來臨，整個人精神就來了，不到三更半夜捨不得上床睡覺；相反地，有些人是晨型人，跟著太陽起落作息，習慣早睡早起，總是才吃過晚餐就哈欠連連，別說過夜生活，就連晚點上床睡覺都很困難。

如果雙方是生活型態天差地遠的人，要一起過日子，往往非常困難，生活上不容易有交集，尤其是一起出門旅行時，問題會更加明顯。光是一個人想要早早起床，展開一天的旅程，但另外一位卻無法早起，非得拖到日正當中才願意起床漱洗、換衣服，等到萬事俱備可以出門時，可能都已經下午了。像這樣生活習慣迥異的兩個人，如果真的要長久在一起，恐怕很容易就會為了生活的作息而爭執不斷。

性生活與性觀念協調嗎？

性生活是親密關係中極為私密卻重要的獨特時光。雖然在婚姻中不乏沒有性關係，卻還是相處融洽的伴侶，但一段親密關係如果沒有性生活，缺少了身體慾望的結合，熱情和激情也會相對較低，久而久之，兩個人就會變得像是親人或好友，少了伴侶之間獨有的親密感。

不過即使有性生活，也未必代表兩人之間能夠達到身心合一的狀態，最重要的是彼此心靈契合。當兩個人在做愛時，內心只關注著對方，當下充滿愛意，全然地投入和覺察，才能從身體到心靈都融合為一體。

有些人雖然和另一半做愛，但心裡惦記的卻是其他人，或是心不在焉地想著其他事情，到後來只是肢體動作的配合而已；還有些人必須依賴成人影片，身體才能感到興奮。無論是幻想著和他人做愛，或是看性愛影片來讓自己有反應，都只是純粹的生理性刺激與發洩，並不是帶著愛的身心結合，這樣的性行為往往無法讓自己跟伴侶達到身心合一的境界，也就很難享受到性愛的美好。

如果一方有外遇，或夫妻雙方都有其他的性對象，就會讓能量變得很複雜，無法進入單純身心合一的境界。只要能夠跟伴侶身心合一，兩個人就會創造出美好的性生活，這樣的親密關係通常不太會有性需求不滿足的問題。如果其中一方渴望身心合一，另一方也會感同身受，彼此都很容易進入狀況，互相配合，所以不會有頻率多寡、需求不同的困擾。

一對伴侶之所以會有性生活頻率需求不同的難題，常常是因為一方沉迷於肉體的性刺激，而不是想要跟伴侶身心合一，所以會不斷要求伴侶配合自己。在發生性行為的過程中，大多數的女性往往需要比較長的時間才能達到高潮，冷卻下來的時間也比較慢，因此如果男性無法持久的話，做愛時最好能先透過慢慢地愛撫、親吻等方式，讓女生感覺到被愛、被珍惜才會想要結合。男性在射精之後要繼續愛撫和擁抱，去感覺彼此的愛意和愛的能量，讓女生能夠慢慢地結束高潮。事實上，性愛的重點絕對不只有性高潮而已，整個做愛的過程都是雙方愛的能量產生流動和交織的過程，只有彼此都能全心全意投入，身心合一的美好性愛才會發生。還有，壓力太大會讓人失去對性的興致，所以適當的抒壓和放鬆是很重要的。

有些人因為以往有過性愛相關的創傷，導致無法體驗性生活的美好，如果有這樣的情況，就要尋求專業心理諮商師，或是性心理諮商師協助療癒創傷，才能讓親密關係發展得更完整、更美好。

對異性安全距離的認知和態度

悅芳跟志賢還在戀愛交往時，就常常為了志賢有幾個紅顏知己的問題，吵得不可開交。志賢的興趣廣泛，喜歡和人聊天，一直以來有幾個女性友人跟他很談得來，他時不時就會跟這些「紅粉知己」們單獨相約吃飯、喝咖啡。對志賢而言，這根本就沒什麼，他自覺是個很有分寸的人，懂得拿捏界線，就算是異性，也只是朋友，實在沒有什麼不妥的，悅芳應該要尊重他、信任他才對。

但對悅芳來說，男女之間很難有真正的純友誼，一不小心就會越線出軌，所以實在不應該有其他異性好友，這是保護自己，也是保護別人的做法。但志賢總覺得悅芳干涉太多，一向很討厭被約束和管控的他，對於悅芳老是因為自己跟女性朋友單獨吃飯而生氣，覺得很厭煩。

雖然如此，兩個人還是決定結婚，共組家庭。悅芳心想，說不定志賢婚後就會改變，不再和那些女性朋友往來了。結果婚後沒多久，悅芳就懷孕了，孩子出生後她把所有的注意力都放在孩子身上，志賢幫不上什麼忙，又覺得無趣，花更多時間和不同的紅粉知己吃飯聊天。有一天，悅芳無意中看到志賢跟一位女性友人的ＬＩＮＥ對話，內容非常曖昧露骨，感覺兩個人就像是一對熱戀中的男女朋友，這讓悅芳直覺有什麼不對勁，在她窮追猛問之下，志賢終於承認自己沒有守住最後那條防線，無法控制地愛上了另一個女人。

人與人之間的緣分總是不斷在變化，當兩人相聚時間多，彼此又互相仰慕，感情很容易就升溫；一旦雙方有了愛的感覺，關係就立刻產生質變。

每個人對於跟異性相處的界線認知不一樣，有的人認為異性之間可以有純粹的友誼，所以不定期和異性友人聚會；有的人完全無法接受伴侶跟其他異性單獨出去，甚至不允許伴侶有任何異性朋友。一對男女若要攜手共度一生，對於雙方和異性往來的模式及交流程度，一定要有共識。雖然異性之間是否有不涉及男女情愛的純友誼，並沒有絕對的標準答案，但是如果希望婚姻美滿，雙方最好達成共識，婚後才不會因為這個問題而導致摩擦不斷。

有些人交友廣闊，喜歡呼朋引伴，不論是同性或異性，總是很容易就變成朋友。但一位好的伴侶，會在乎和顧及另一半的感受，不會任意而為，毫無節制。其實伴侶之間感情好的話，只要有錢有閒就會想要一起去做彼此都喜歡的事情，無論是旅行、看電影、散步、陪小孩、打球運動，或是跟家人朋友聊天、相聚……而不會老是各玩各的，更不會在未經另一半同意的情況下，經常跟其他異性單獨聚會。如果明知另一半不喜歡自己和異性單獨往來，卻絲毫不尊重他的感受、堅持己見的話，很可能並不是真的在乎

跟前伴侶的關係是否有共識？

雲森跟淳惠相識的時候，兩人都各自結束了一段婚姻，他們在前一段婚姻中所生的孩子，都沒有帶在身邊。淳惠跟前夫的兒子交給前夫的父母照顧，離婚後，她跟前夫就不曾來往，只有在想念兒子時，才會跟他們聯繫，找時間去探望兒子。

至於雲森雖然跟前妻離了婚，和前妻還是往來密切。除了兩個孩子都交給前妻照顧，關於孩子教養的大小事，前妻都要跟他商量之外，前妻無論是在情緒上還是金錢上，也都很依賴雲森，三天兩頭就打電話來說孩子生病了，要求他回去看孩子，這讓淳惠心裡覺得很不是滋味。

每次雲森去探望孩子，淳惠就和他吵架，因為淳惠覺得他去看孩子根本只是藉口，分明是想乘機去探望前妻，這讓淳惠心裡很沒有安全感。每次雲森去看孩子時，她總覺得雲森是回去和家人團聚，自己像是個被拋在一旁的外人。但對雲森而言，他一直認定孩子是自己的責任，前妻一個人照顧兩個孩子實在太辛苦，所以有什麼事情自己多分擔一些，也是應該的。

雲森和淳惠的問題其實不難解決，有很多方法能讓彼此感到安心，例如雲森可以

告訴前妻和孩子，他已經有了新的伴侶，而且新伴侶願意一起幫忙照顧孩子，所以下次去看孩子的時候，會帶著淳惠同行；或者當雲森一個人在外面的時候，盡量讓淳惠清楚他現在在哪裡、做什麼事、何時會回家，保持聯繫，讓淳惠隨時可以找到他。萬一出門時間較久，他會主動打電話跟淳惠報備，讓淳惠知道自己很在意她的感受，淳惠的不安全感自然會降低。要是雲森能夠當著前妻的面打電話給淳惠，讓她們確認淳惠的伴侶角色，就更不容易有誤會產生了。相信只要我們願意用心對待另一半，對方自然會抱持同理心，互相諒解。

至於淳惠，不妨把自己心中的不安告訴雲森，讓雲森知道，自己很希望能參與他的生命。因為兒子是雲森很重視的人，所以淳惠也願意一起協助他，盡到身為父親的責任，展現對兒子的愛，常常陪伴他帶孩子出去玩。一旦當我們把心放大，就不會讓自己局限在嫉妒和不安的情緒裡。

大多數的人在找到終身伴侶，決定走入婚姻之前，難免都會有交往過的戀人。與其帶著嫉妒與懊惱的心情，敵視另一半的前任伴侶，不如理性聆聽另一半談論前任伴侶的時候，是帶著什麼樣的口吻、語氣和想法，留在他的記憶中的故事又是什麼？對於過去的伴侶，有著什麼樣的觀感？當初導致雙方無法繼續走下去的原因又是什麼……這些都可以作為日後和伴侶相處時的借鏡與參考。

一個成熟的人，會從過去失敗的經驗中反思自己，找出可以修正的地方，絕不會一味地責怪別人。特別是曾經相愛過的兩個人，就算緣分盡了，也一定有過一段讓彼此都很開心的時光，無論如何，都要懂得感恩對方曾經對自己的付出。

只要伴侶不沉溺於緬懷過去的美好，懷抱著想要和舊情人再續前緣的念頭；或是即使分手仍然走不出前一段感情的傷痛，不斷從自己身上找尋舊情人的影子，甚至把自己當成替代品，能夠好好做到以現在的伴侶為中心，那麼跟前任伴侶在適當的距離下保持友好關係，並不會造成太大的問題。

宗教信仰、政治理念是否有衝突？

愉萍從小看著媽媽吃齋念佛，長大後自然而然地成為一個虔誠的佛教徒。出了社會之後，她開始在工作閒暇之餘參加與佛教相關的社團組織，擔任義工來服務社會，對於自己有堅定的宗教信仰，又能夠身體力行地幫助他人，在精神上感到格外滿足。

嫁給錦恩之後，愉萍才知道婆婆是個虔誠的基督徒，不但週末上教會，飯前、睡前都要禱告，並且經常帶著全家誦讀《聖經》。愉萍和錦恩結婚沒多久，婆婆就催促著愉萍也要入教和受洗，認為只有這樣全家人才能夠同心，而且要求她星期天一定要和全家一起上教會做禮拜，絕對不能安排其他事情。

愉萍是個溫順的媳婦，不敢忤逆婆婆的意思，所以即使原本已有宗教信仰，也只能順從長輩的意思受洗，轉而成為基督徒。但愉萍的內心卻因此深感失落，對許多事情愈來愈無奈，這樣的無力感在生了孩子以後，變得更加強烈。從孩子一出生，婆婆就要求必須讓孩子受洗，凡是教會有活動，都一定要錦恩夫婦帶著孩子參加；等孩子到了上學的年紀，從幼稚園一直到國小、國中，婆婆都強勢地規定一定要上教會學校，絲毫沒有商量的餘地。

這些年，愉萍陸續生了幾場大病，有幾次甚至險些要了她的命！雖然生病很痛苦，但也因為生病的關係，愉萍週末可以在家裡休養，不需要上教會，而且因為病得太厲害，所以錦恩和孩子們也都得留在家裡陪伴照顧她，婆婆只好獨自一人上教會。這樣一來，週末反而變成錦恩夫妻和孩子們單獨在家相聚的親密時光。所以，雖然理性上愉萍不想生病，但潛意識裡覺得與其健健康康卻要上教會，不如在家休養，還能享受婆婆不在，只有先生和孩子共度的時間。

愉萍對什麼事一向都很盡心盡力，總是認真扮演好妻子、母親和媳婦的角色，為了家人，什麼都願意付出。雖然她知道只有身體健康，才有能力照顧家人，但是對於自己背棄了原有的宗教信仰，又無法讓自己的孩子認識從小到大護佑自己的神明，內心深感歉疚，所以寧可選擇生病，也不想上教會。時間一久，愉萍似乎慢慢失去了生活的寄託和動力，甚至可以說她在無意中做出了邁向死亡的選擇。

因為生病所帶來的好處，讓愉萍願意承受病痛之苦。對愉萍而言，週末只有她和先生、孩子在一起的時間，是如此幸福快樂，也不必因為信仰上帝，而覺得愧對佛祖。抱持這樣的心情，她的病自然難有起色；除非她能夠勇敢地走出來，表達自己的意願，並且獲得先生的支持和成全，否則很難真正恢復健康。

一對伴侶是否能夠身心靈契合，一起成長，宗教信仰有時會產生很大的影響力。宗教對人而言，是生命的指引和依靠，尤其是對信仰虔誠的人來說，它的力量更是強

大。許多宗教具有排他性，要求信徒只能夠信仰和皈依自己的神，否則就是背棄神；而宗教所涉及的也不只限於心靈層次，對於一個人的價值觀、身心健康、孩子教養等等重大生命議題所做的決定，往往有所影響。所以兩個人如果想在心靈上共同成長，最好能有相同的宗教信仰，否則想要在人生的道路中攜手同行，就會變得格外艱難。

宗教信仰有其緣分和適應性，很難勉強。當我們決定和一個人交往時，對於他的家庭信仰，最好能夠事先了解清楚，日後才不會因此而導致感情失和，甚至走上離異之路。

此外，因為政治立場有所衝突而爭執，也是伴侶之間常見的問題。一個人的政治理念和黨派認同，很多時候無法溝通，更難以扭轉看法，如果兩個人的政治信仰位在光譜的兩端，硬要說服對方，往往容易變成「公說公有理、婆說婆有理」，各持己見、沒有交集的無效溝通，甚至容易互相批判和攻擊。特別是在選舉期間，大眾媒體的推波助瀾，各擁其主，更容易讓人對政治議題變得敏感，一不小心就會情緒激動，失去理性。

如果婚前熱戀中的兩人無法針對政治觀點好好溝通，千萬不要期待婚後就會有所改變。所以婚前一定要深入了解對方以及對方原生家庭是否有根深柢固的政治理念和黨派，如果有的話，要確定自己是否能接受，以免因落差太大，造成日後難以弭平的鴻溝，成為親密關係的殺手。

健康的身心，決定婚姻幸福指數

選擇人生伴侶的同時，其實也同時決定了我們未來的生活樣貌，所以慎重之餘，更要思考自己是否有足夠的能力陪伴並且支持對方。

倘若伴侶體弱多病，我們自然就要承擔起大部分的家務，以及照顧對方的責任。有些人身體狀況真的很不理想，甚至有無法生兒育女的可能，這些都是在步入婚姻之前，必須有所體認，並且考慮清楚的事。兩個人如果真心相愛，對方是否身心健康，也許不是一道無解的難題，問題在於自己必須做好心理準備，確認可以全然地接受，並且有能力承擔相對應的後果，並負起該負的責任。

除了對方的身體健康因素之外，另一半的情緒穩定程度，也是很重要的婚前考量。一個非常情緒化的人，往往不容易相處，萬一伴侶在情緒表達上有歇斯底里的傾向，或出現言語、行為暴力時，你是否能夠包容，不被對方不理性的言行所左右，致使跟著失去分寸；有沒有能力把自己穩住，給予對方需要的幫助，都是步入婚姻前必須想清楚的。

兩個人長時間相處，免不了會有意見不同的時候，而想要檢測對方是否有暴力傾向，可以觀察對方在和他人產生摩擦、意見相左，或是面對壓力時，會如何化解，能否做好情緒管理。婚前就要好好觀察：一旦衝突發生的時候，兩人是否會按捺住不愉快的情緒，直到下次出現更大的問題時才一併爆發，還是不斷翻舊帳，用言語和行為做人身攻擊；是不是習慣用情緒勒索的方式逼迫對方就範，還是有能力做理性溝通。即使意見不同，也能夠彼此傾聽及尊重，在衝突之中依然能夠找出雙方都願意各退一步，並且共同成長的解決之道。

一個人如果無法控制情緒，動不動就摔東西、搥牆壁，一旦激動起來就想打人或罵人，甚至以暴力方式對待動物的話，都屬於不理想的情緒管理。兩人交往時，是否懂得彼此尊重，還是要求凡事他說了算，無視於你的想法？他甚至不斷貶低你的觀點，從你的交友範圍到家人關係都想控制，包括穿著打扮、休閒活動，甚至職業選擇，都要聽從他的意見？他總是覺得別人要為自己的情緒負責，千錯萬錯都是別人的錯，老是把「你讓我很生氣，所以我不得不罵你，罵你都是為了你好！」掛在嘴上？這樣的人情緒控制能力往往很糟糕，如果遇到了，最好再三思考是不是值得跟他繼續交往下去。

婚前一定要深入了解對方的原生家庭有沒有暴力問題，是否對以前交往過的伴侶有過言語和行為暴力……這些都是重要的參考指標，最好仔細觀察，盡可能避免跟有暴力傾向的人交往。

兩個人在一起，如何溝通，大大影響日後的感情和相處，如果處理不當，沒能好好地化解衝突，就會不斷累積不滿和怨念，日子一久，感情就容易生變，甚至相看兩厭。因為相愛的時間太少，互相抱怨、謾罵的時間太多，愛的帳戶只有消耗沒有存款，最後自然會破產。

人的情緒能量分為感受、聽覺、視覺和邏輯四種類型，每種情緒類型遇到衝突時的情緒反應皆不相同，最好能了解另一半的情緒類型，才不會無端踩到地雷，也才知道衝突發生時，我們要怎麼做，才能讓另一半的情緒平靜下來。可以參考《走出傷痛，破繭重生》一書，書中對不同情緒類型有更詳細的說明。

一個人的想法並非一成不變，會因人、事、時、地而有所調整。例如在當了父母跟祖父母後，對小孩的教養態度可能截然不同。當父母的可能認為孩子必須嚴加管教，但是一旦自己當了祖父母，卻容易因為疼愛孫子而溺愛他們。

既然人的意見或想法會隨著時空改變，又何必為了彼此的意見不同而爭得面紅耳赤，甚至大打出手。不妨試著跳脫框架，彼此傾聽，從對方身上學習，就有機會互相支持，一起成長。

除了身心健康和情緒管理，一個人如果有不良嗜好，對家庭關係的殺傷力也不可等閒視之，例如酗酒、好賭、吸毒、沉迷網路或電玩，甚至消費購物沒有節制等等，都會對婚後生活帶來很大的影響。婚前務必考慮清楚，千萬不要期待婚後對方就會自動變好，或天真地以為對方會為了自己做出改變。「江山易改，本性難移」，一個人的習性很難改，即使有心要改，可能也只是短暫地曇花一現，往往過不了多久，就會故態復萌，積習重返。所以在選擇共組家庭、攜手一生的對象時，一定要考慮清楚。

對伴侶的角色期待

一個人對於另一半的角色有什麼樣的期待，是在找尋對象時很重要卻難以回答的問題。很多時候，我們的期待是跟身處的社會文化以及從小到大的成長經驗有關，這些一直以來被社會大眾所灌輸的根深柢固的想法和見解，常常被視為理所當然，導致一個人很難看清楚自我內在真正的需求。以華人文化中「男主外、女主內」的社會常態為例，我們往往不假思索地認定「男人就應該要養家」，卻從來不會去思考背後的理由和原因。

士甫幾個月前失業了，因為一時找不到工作，只好先讓玫英一肩扛起賺錢養家的責任。士甫因為體恤玫英的辛勞，就決定自告奮勇幫忙做家事，並且負責接送孩子，幫孩子準備晚餐。

士甫生長在極度重男輕女的家庭裡，從小就不必做家事，所以對於家事很不拿手，但他覺得自己既然主動「幫忙」，不管做得怎麼樣，理應得到玫英的讚賞和肯定才是。本以為自己應該得到表揚的他，怎麼也沒想到玫英下班回家，不但毫不領情，反而還臭著一張臉，整個人悶悶不樂。士甫想到自己辛苦了一整天，太太不體恤就算了，還莫名生氣，不免也覺得惱火。

其實玫英之所以不高興，是因為她認為自己實在很委屈，明明賺錢養家是男人的責任，現在這個任務卻落到自己頭上，但自己都已經做了原本先生應該做的事，待在家裡沒上班的士甫卻連家務事都做不好，搞得自己回到家還要整理家務、照顧小孩，什麼事都要靠自己，真不知道士甫到底有什麼用。

從士甫和玫英的例子來看，先生自認盡了責任幫忙做家事，但只因為不符合另一半的標準，太太就覺得無人分攤自己的辛勞。由於雙方的認知差距極大，使得彼此都無法理解對方的心情，導致家庭氣氛低落，各自都承擔很大的情緒壓力。

當我們對伴侶感到失望或對這段關係感到失落的時候，不妨靜下心來反思，自己之所以感到失望或失落，背後的想法、信念是什麼？這些想法和信念所帶來的生命框架，是不是讓我們理所當然地認定對方是錯的，自己才是對的？把對方視為自私的加害者，自己則是可憐的受害者，於是愈想愈覺得對方真可惡，讓我們過得這麼辛苦，卻一副置身事外的樣子，看到他們每天過得輕鬆逍遙，簡直是騙子和無賴……如果士甫和玫英沒完沒了地上演這些內心戲，最終只會讓家庭的衝突不斷擴大，造成和另一半的關係愈來愈不和諧，最後甚至會影響孩子的情緒和課業，衍生出更多問題。

其實這些在腦海裡不斷出現的小劇場，經常肇因於我們對伴侶的角色期待，它未

必真的符合我們的內心所想，而是受到社會文化以及從小到大的經驗形塑所影響。在這樣的情況下，應該要去找到讓自己生氣的源頭，而它很可能是來自對別人的期待或希望落空（別人不符合我們的期待或要求），加上自己不斷在腦海裡自言自語，例如：「先生怎麼可以自己滑手機，都不幫忙家務事或照顧孩子，他真的是很自私，也不管我的死活，我已經累得要死了，他還視若無睹，我知道他根本就不愛我。」……當這些自導自編的小劇場不斷在心中上演，讓自己愈想愈氣，愈覺得對方可惡極了，最後可能導致情緒失控爆炸。

如果可以覺察到自己的期待／要求，看到各種無來由的念頭不斷升起，才有可能讓自己轉念，停止胡思亂想。但是要覺察並且意識到這些小劇場是假象，最好先能靜心（可以透過長期的禪修／內觀的練習），如此一來，當念頭一升起，就能馬上有所覺察，不會任由念頭無限蔓延到失控的地步。

在婚姻中，如果不能看清楚自己對另一半的角色期待，是不是自己真正的需求，或者只是受限於外在眼光，只好忽略內心真實的需求，把社會約定俗成的標準當成擇偶的標準，那麼就很容易遇上不適合的對象，讓自己陷入一段糟糕的婚姻關係裡。

另一半對我來說是否具有吸引力？

氣質典雅的宥淳，看起來溫柔可親又有教養，身邊總不乏追求者，但從來沒有遇到真正令她心動的對象，所以一直沒有穩定的交往對象。曜杰第一次見到宥淳就被她深深吸引，著迷於宥淳的大家閨秀風采，於是展開熱烈的追求。雖然宥淳並沒有太多回應，但曜杰絲毫不為所動，依然百般獻殷勤，他相信時間久了，宥淳一定會為他的誠意所感動，進而愛上自己。

當宥淳的追求者一個一個知難而退，或是後繼乏力而消失不見時，曜杰還是抱持著對宥淳濃烈的愛意，一直守在她身邊。轉眼之間宥淳也快要三十歲了，家人朋友都建議她不要再挑了，感情可以婚後再慢慢培養，既然曜杰對宥淳死心塌地這麼多年，嫁給他一定不會吃虧，所以最後宥淳也就告訴自己，能嫁給一個這麼愛自己的人應該會幸福吧！於是接受了曜杰的求婚，兩人趕在宥淳滿三十歲前完成終身大事。

雖然曜杰好不容易抱得美人歸，但婚後柴米油鹽的日常生活讓他對宥淳不再那麼殷勤，原本一直被曜杰捧在手心上的宥淳不免感到失望、氣惱和心灰意冷，於是對於曜杰就更加冷淡，兩人的感情在婚後不但沒有升溫，反而變得愈來愈疏離。

兩個人之間要產生愛的火花，互相吸引，從陌生到相戀，或許不是太困難的事，但如何能夠讓伴侶之間的吸引力歷久彌新，即使在一起很多年，甚至都已經是老夫老妻了，還是深深被對方所吸引，卻是一件非常不容易的事。像曜杰和宥淳這樣冷漠的互動，如果持續下去，往往就會在一方發生外遇的狀況下而結束婚姻關係。

親密關係之間的吸引力，是伴侶的外表和內涵互相交乘的結果，如果兩個人彼此吸引的話，就會在腦部產生化學作用，深深為對方著迷，這時彼此都會自動想跟對方在一起。情人眼裡出西施，對方的美醜好壞和旁人無關，完全是個人內在的作用，這也是為什麼會有所謂「王八看綠豆」的說法，因為所謂愛的吸引力，正是彼此看對眼，發自內心無法克制地愛著對方。

如果兩個人之間沒有吸引力，很難達到完整的身心結合，一旦有其他外緣出現，就容易發生外遇。但是有不少人選擇伴侶的原因，並非為對方所吸引，而是透過外在條件、經濟能力、社會地位、職業頭銜等指標來衡量，甚至因為寂寞空虛的理由而接受；一旦遇到對方死纏爛打、苦苦追求，自己又無法狠心拒絕，或者只是因為到了適婚年齡，覺得非得找個人在一起才行，所以勉強接受了個愛自己，但自己卻不怎麼愛對方的人，以為至少對方可以一直對自己好就夠了，但忽略了愛其實是流動性的，是會改變的，現在愛不代表以後就會一直愛下去。

其實男女之間的吸引力未必一定在第一眼就會發生，也可能是經由時間慢慢累積和培養。一個人的外表雖然有很大一部分是與生俱來的，但我們可以學習好好打扮，並且維持健康美好的體態，增加魅力。無論男女都可以「為悅己者容」，讓自己保持在最好的狀態。我們無法強迫別人接受或欣賞邋裡邋遢，甚至過度肥胖得不健康的自己。一個懂得愛自己的人，不會忽略自己的健康，只有當我們喜愛並且懂得欣賞自己時，才會展現自信，成為一個有吸引力的人。

在個人內涵方面，如果能學習處事圓融、言之有物、個性寬容不計較、懂得欣賞和感恩對方，用愛互相對待，能夠去看到並且肯定對方的付出，並且常常互相表達愛意，一起攜手共同成長，以及培養共同興趣，長此以往，愛的帳戶裡存款自然愈來愈多，兩人之間的吸引力也會跟著愈來愈強。

個人空間和獨處時間的需求是否契合？

常元剛開始和儀岑談戀愛的時候，兩人無時無刻都想要在一起，做什麼事都是一起行動，希望每天一睜開眼就能看到對方，所以交往沒多久就同居了。可是才同居不到半年，原本如膠似漆的兩個人，就因為生活習慣大不相同而爭執不斷。

儀岑老是抱怨常元不在家，喜愛跟他的狐群狗黨混在一起，打球、喝酒唱歌，從來不交代行蹤，讓儀岑經常找不到人。儀岑覺得自己有伴跟沒伴一樣，幾乎每天都是一個人在家等著常元回來，久而久之，不免覺得委屈而心生不滿。

其實常元即使在家，也對儀岑愛理不理，多數時間都是坐在電腦前上網打電動。因為常元覺得儀岑太過黏人了，什麼事都要拉著他一起做，加上儀岑動不動就抱怨，實在讓人覺得很煩，更討厭的是三不五時還會奪命連環call，逼他回家吃飯。要是讓儀岑知道常元的聚會地點，她甚至還會不請自來，明明是跟一堆男生的聚會，她就是賴著不走，所以後來常元索性不告訴儀岑自己的行蹤，以免她又跑來掃興。

有的人需要較多的獨處空間或和同性朋友相處的時間，特別是男性更是如此，很多女性卻需要另一半很多的陪伴。剛戀愛時，兩人都會想要時時刻刻黏在一起，所以問題不大，但是一旦熱戀期結束，雙方顯現出真正的個性，就可能會因為彼此相處的習慣模式不同，而產生摩擦或爭執。

一般來說，一對情侶的戀愛期大多在一、兩年內就會結束，所以要了解雙方對於個人空間感的需求是否相合，就不能在熱戀期間急著做出結婚的決定。如果一方需要很大的獨處或個人時間，而另一方則需要更多的陪伴，那麼就很容易造成雙方的衝突，或是給彼此帶來壓力與不滿。

如果兩人對於個人空間感或獨處的需求類似，相處起來就會比較自在滿意。需要伴侶陪伴的類型，最好能找一個也喜歡有人陪伴的對象；而需要較多個人時間和空間的人，就要找到很能享受獨處的伴侶，這樣才能互相給予適當的自由和陪伴。

萬一伴侶在個人空間感或獨處時間上的需求大不相同，就要試著去調整。習慣經常有人作陪的話，不妨試著找些志同道合的同性朋友們作伴，或是加入社團、志工團體。當然也可以學著獨處，享受一個人的時光。如果是對於獨處有較高需求的人，平時也要撥出時間和對方相處，並且確保兩人在一起時的互動是有品質的，看看雙方能夠如何安排；找出讓彼此都感到滿意的模式，這段關係才能走得長久。

我的伴侶是媽寶或父親的前世情人嗎？

現代人孩子生得少，父母往往把所有的關愛都集中在一個孩子身上，對孩子照料得無微不至，甚至把孩子的人生當成自己的人生來過，導致現在有很多「媽寶」或「爸爸的前世情人」，即使都已經成年了，還是極度依賴父母。如果可以的話，最好避免跟Mommy's boy或Daddy's girl交往，當然也要留心自己不要成為這樣的人。

成年人要能夠獨當一面，絕不能凡事都仰賴父母幫忙做決定；如果父母不懂得適時地放手，孩子就很難發展出獨立自主的人格，很容易養成依賴的個性。華人社會重視孝道，但是孝道並不等於凡事聽命於父母，孝順應該是懂得感恩，能夠同理和尊重父母，隨著年紀漸長，也要能劃分界線，成為一個有主見的大人。

有些父母不知道問題嚴重性，對於孩子的百依百順、言聽計從，還經常感到沾沾自喜，到處炫耀，卻不知孩子沒有主見、缺乏自信，所以才會從升學、就業、擇偶到成家，都由父母一手主導，讓他們掌控自己的生命，甚至連婚後要生幾個孩子、居家環境如何布置、未來有了下一代要如何教養等問題，都任由父母擺布，自己既沒有能力，也沒有意願為自己的人生負責。

父母強勢介入孩子的人生，會導致日後孩子跟他的伴侶產生許多衝突，這也是為什麼幾乎所有媽寶在婚後都有婆媳問題，因為一個家無法容得下兩個女主人。至於從小被爸爸當成寶貝（前世情人）養育的女孩子，長大後很可能會換過一個又一個伴侶，很難找到理想的歸宿。因為伴侶的能量被父親卡位了，所以總會不自覺地在潛意識裡把交往的對象拿來跟父親做比較，覺得對方不像父親對自己那樣百般寵愛、呵護備至，或是認為對方的能力遠遠比不上自己的父親，自然就會覺得對方配不上自己，只能一再地尋尋覓覓，很難找到合意的對象。

上述選擇伴侶時應該深思熟慮的關鍵因素，也是伴侶之間容易發生的衝突點。一般來說，它們跟個性、家庭背景、社會文化等息息相關，但因為常常是從小到大累積養成的觀念或習性，早已根深柢固，不容易改變。這也是我建議大家婚前要仔細思量的原因，如果能夠及早避免或做好準備去面對這些日後容易產生衝突的點，對於經營一段美好的兩性關係，或是步入婚姻，都有很大的幫助。

當然，這些上述的關鍵因素並不是絕對，我也看到有些伴侶的差異性極大，一開始雖然衝突不斷，日子過得很緊張，但隨著雙方愈來愈成熟，到了一定年紀反而變得愈來愈恩愛。有時候當一個人的內在隨著時間和自我修練日漸圓滿，變得更開放、有彈性，執著的點愈來愈少的時候，自然可以跟另一半相處得愈來愈和諧順暢。

練習題　你符合幸福伴侶的條件嗎？

我們曾經進行有關幸福和不幸福的伴侶各自有著什麼共同點的問卷，經由超過上千人的調查結果顯示，他們的共同特點可以歸納如下：

幸福伴侶的特點：

1.雙方有良好的互動，看得到對方為自己付出時所做的各種小細節，並且懂得感謝對方的付出，不會把對方當作空氣，視而不見。

2.在乎對方的感受、喜好、懂得讓步，願意調整自己。

3.經常表達對彼此的欣賞和愛意，在關係中持續地有連結，不會感到孤單或有被拒於門外的感覺。

4.傾聽對方、尊重對方的意願和需求，不會強求對方要符合自己的期待或跟自己意見相同。

5.尊重和愛對方的家人。

6.在對方脆弱或需要支持的重要時刻，願意包容並善解對方的情緒，彼此分享最隱微深刻的感受。

7.在乎對方，把對方當作自己生命的重心，而且讓對方可以感受到他／她在我們心中是排在第一位，尤其是男生更要努力做到。很多男生會把事業或朋友當作生命的重心，在這樣的情況下，女生容易感到極度不安全，無法全力去支持另一半，甚至會常常無理取鬧。如果男生懂得把伴侶當作生命的重心，對方自然會有安全感，會去滋養和支持男人，如此一來男人的生活和事業就會更加穩定茁壯。

8.願意成就對方，幫助對方實現夢想。在我們的文化裡，女生大多會主動支持男性去實踐自己的夢想，但是男性卻很少主動幫助女性實現她的夢想。美國的一些研究指出，如果男性願意去支持另一半的夢想，兩人之間的情感就會更加親密。

9.即使爭吵或意見不同，仍然打從心底知道兩人終究會和好，因為彼此的生命是緊密相連、分不開的。

不幸福的伴侶的特點：

1.看不到或感受不到對方的愛。

2.缺乏安全感，習慣控制或想要改變對方，而非尊重對方。

3.老是看見對方的不對、不足、不好，不懂得欣賞彼此的優點。

4.不懂對方的心，也不想去了解彼此的想法。在關係中覺得孤單或被拒於門外。

5.無法有彈性地調整自己，彼此嫌棄對方的固執以及不願做出改變。

6.自我中心、我行我素，把對方的付出視為理所當然。做事不會顧及對方的感受。

7.遇到衝突容易堅持己見，甚至會攻擊、貶低、批判對方的不是。

8.當對方出現脆弱或不理性的言行時，無法予以包容，甚至會冷嘲熱諷。
9.切斷自己的情感表達，拒絕跟對方連結。
10.一旦產生衝突，就想著要跟對方分手。

時時檢測自己的表達模式、行為、言語、心念，是不是走在創造幸福伴侶的軌道上，還是已經步入不幸福的伴侶會走的道路？千萬不要只是抱怨和批評對方的不足或不好，畢竟感受是個人單方面認定的事實，但兩個人的情感則是由雙方共同創造。對於另一半的不滿，往往不是單方面的問題。不妨從改變自己開始，再慢慢影響對方一起加入成長的行列。當我們可以時時反思，並持續讓自己變得更好，內在更加寬大柔軟時，自然會愈來愈懂得如何跟對方相處，感情也能夠更和諧美好。

在親密關係或婚姻中，身在其中的每個人都必須努力自我成長，並且願意花時間一起同心協力。這本書分享了許多案例和練習方法，希望能夠幫助更多人好好地經營伴侶關係，也深深祝福每一對相愛的伴侶都能夠幸福地牽手同行！

婚前承諾書

許多人對婚前協議書有負面的刻板印象，不是覺得觸霉頭，就是不好意思主動提起，也有人認為都要走入婚姻了，相信彼此一定會永遠相愛，所以什麼婚前協議書根本只是多此一舉。或許我們可以試著把「婚前協議書」改成「婚前承諾書」，雙方把對彼此的期待和想法說明討論清楚，然後擬訂兩個人都可以接受的承諾，以免婚後發現彼此的期待有所不同，導致爭執不斷，而且萬一真的合不來，也可以好聚好散，不需要花大錢，找律師，走訴訟，甚至上法院。

對本章節所討論的家事分配、生兒育女、婚後居住地、是否和長輩同住、經濟消費如何分擔、孩子出生後如果一方必須專職在家時，生活零用金如何安排、萬一婚姻無法繼續時財產要如何分配、孩子的監護權歸屬等問題，最好都能事先溝通討論，過程中也能讓彼此更加了解。

傳統婚姻的既定模式其實對女性較不友善，隨著女性自主權的覺醒、男女平等的概念愈來愈受到重視，兩個人結婚的目的不再是為了傳宗接代或只是想要有張長期飯票，而是希望能找到一個可以和自己在人生路上攜手同行、平起平坐的心靈伴侶。只是時代和觀念在不斷地變遷，所以來自不同家庭的兩人，往往承襲的思想和效仿的互動模式會有很大的差異，一旦我們只能從自己的經驗和認知上去理解時，就會很難同理彼此的差異性，所以婚前的溝通和了解非常的重要！

Chapter

2

相愛容易相處難，如何化解伴侶之間的衝突？

我身邊有不少朋友，在進入一段新關係時，總是迫不及待地跟所有人宣告：「他一定是對的人！我終於遇上了真命天子／真命天女了！」但是往往過不了幾年，甚至才幾個月，再遇到這個朋友，就會聽到他說：「這次又是個錯誤，他（她）不是那個對的人。」

人與人之間有著各式各樣的緣分，有些人一相遇就彼此欣賞、互相吸引，但是想要延續一段好的緣分、相親相愛的話，則取決於日後的相處。如果一個人既不懂得愛自己，更不知道怎麼去愛別人、包容及同理他人，或是情緒控管能力很差，一旦戀愛的感覺消失了（一般來說，頂多一到兩年，兩情相悅的溫度就會驟降），很可能就會產生許多衝突。

每一次的衝突、爭吵都可能造成對彼此的傷害，讓兩個人的距離漸行漸遠，這樣的惡緣如果不斷累積，時間一久，就會慢慢不再相愛。有些伴侶之間修養比較好，幾乎不吵架，卻不懂得如何溝通，也不知道怎麼表達自己真實的感受，只是把各種不滿壓抑在心裡，時間久了，愛情也就銷蝕殆盡。此外，有些伴侶因為「愛的語言」不同，無法給予對方所需要的愛，或是對方感受不到自己的付出，導致感情枯竭。

每個人的成長速度不同，一旦兩人的成長步調不一致，就很難在幸福路上同心同行。這世上沒有所謂的真命天子，能不能遇上對的人，還是取決於個人的修行。一個沒有預設立場和框架的人，自然容易跟別人相處；相反地，有稜有角的人就很容易與他人產生衝撞，傷害他人，也傷害自己。

美好的伴侶關係來自雙方能妥善處理和化解衝突，並且不斷營造親密的時刻。當伴侶之間發生衝突，很容易激發人類原始「戰與逃」的生理反應，一旦處在這樣的狀態久了，處理問題的能力、耐心、幽默感、創造力、同理心都會大幅降低，關係就愈來愈冷漠，兩個人的心也會愈離愈遠，最後很可能面臨勞燕分飛的結局。

針對在親密關係中可能面對的各種衝突，我提供了一些建議和練習，希望能夠幫助大家成為更好的伴侶，進而讓伴侶成為更好的自己。

如何好好道歉才有效？

志遠跟佳蓮約好了一起吃飯，結果志遠卻大遲到，讓佳蓮獨自站在路邊等了將近一個小時。志遠匆匆趕到時，遠遠就看到佳蓮一臉不高興，於是馬上跟她賠不是：「對不起啦，不要生氣嘛！不過，要不是妳約在這裡，對我而言實在是非常不方便，我其實是不會遲到的。」沒想到志遠一說完，佳蓮非但沒有接受他的道歉，反而二話不說地轉頭就走，留下錯愕的他獨自一人站在原地。志遠實在想不透，明明自己剛才已經道歉了，為什麼佳蓮還要這麼生氣呢？

一直以來，我們所受過的教育，幾乎沒有教我們如何處理人際關係，包括和家人、伴侶、朋友……等不同對象，應該如何溝通，才是比較好的相處之道。道歉其實是一門很大的學問，但真正懂得「好好道歉」的人並不多，所以時不時會聽到有人在表達歉意之後，對方不但沒有消氣，反而更加火大，比不道歉還要糟糕。

就像志遠的道歉，表面上看起來是在跟佳蓮說對不起，但是仔細探究就會發現，他心裡根本不覺得遲到是自己的錯，反而責怪佳蓮的不是。因為佳蓮找的約會地點交通不方便，所以自己才會遲到，這樣的說法對於已經苦等志遠一小時的佳蓮來說，當然很難接受。

事實上，志遠下班前，老闆臨時交代了他一件額外的公事，他因為趕著辦完這件事，才會遲到，讓佳蓮苦苦等候。

如果志遠的道歉詞是這樣說的：「真的很對不起，竟然讓妳等了一個小時，妳一定又急又氣，擔心我怎麼這麼久還沒有到，怕我發生意外吧？妳在路邊站了這麼久，腳肯定痠了，肚子也餓壞了吧！剛剛下班前，老闆突然塞了一個工作給我，我希望能趕快完成，所以一直埋頭趕工，結果光顧著工作，忘了先打個電話跟妳說一聲。這都是我的錯，我應該提早告訴妳，讓妳先去吃點東西，才不會一直餓著肚子站在路邊等我，還讓妳心急又氣惱，都是我的不對。妳不要生我的氣好嗎？……請給我一個補償的機會，待會吃飯妳點菜、我買單，想吃什麼盡量點。下次我一定努力改過，準時出現，如果真的臨時有走不開的事，也一定會記得先打個電話告訴妳，絕不再讓妳乾等了，妳可以原諒我嗎？」

如果志遠當時是這麼說的，相信就算佳蓮的怒氣沒有辦法立刻煙消雲散，也不至於氣得轉身就走。志遠對佳蓮的反應感到錯愕，是因為他完全沒有意識到自己出了什麼錯，也沒有發自內心對佳蓮感到抱歉，只是火上加油，把問題搞得更大。

像志遠這樣的例子其實並不少見，很多人不懂得道歉的藝術，以為嘴上說聲對不起，就是為自己犯下的錯誤道歉，對方也應該無條件地接受，盡釋前嫌。**如果對方沒**

有接收到我們的歉意，或是不願意原諒，一定有他的理由和原因。倘若志遠不能學會好好地道歉，日後萬一遇到同樣的情況時，很容易會重蹈覆轍，而他卻一直百思不得其解，為什麼自己都說了對不起，對方的怒氣還難以消除，導致人際關係愈來愈糟糕。

練習題 道歉的藝術

1.首先，心態一定要誠懇，由衷地認錯。心是最關鍵的能量流動，如果不是發自內心的道歉，能量就很難流動。

2.直接道歉，不只是嘴上說對不起，還要說清楚自己錯在哪裡，例如：志遠跟佳蓮約好六點鐘碰面，卻讓她苦等了一小時。

3.試著同理對方會產生的情緒，例如：你一定很焦急、擔心、生氣、不耐煩……然後再解釋自己為什麼會遲到的理由，切忌用責怪他人的方式，把責任歸咎於別人。

4.想辦法彌補對方，主動提出對方可以接受或喜歡的彌補方式。這要看雙方的關係深淺，如果真的不知道，不妨直接問對方該怎麼做才好。

5.徹底改過，並且告知下次如何避免犯同樣的錯，例如：下次我一定會準時，萬一臨時有什麼狀況，絕對會先通知，不會再讓你苦等。

6.最後，務必要再度真誠地道歉，並且詢問對方是否還在生氣。如果是的話，就想辦法找出還可以做些什麼來彌補。

我很難接受伴侶的缺點！

書琴習慣性咳嗽已經將近三十年，整天都咳個不停，看醫生也找不出原因，讓她好擔心自己會不會得了什麼不治之症。看了書琴的能量場，我發現她之所以會不停地咳嗽，可能跟先生有關，她似乎有很多話想說，卻都硬生生被自己壓了下來。

我問書琴是不是結婚之後才開始咳的？她想了想，點了點頭。

我再問：「妳跟先生的關係裡有很多壓抑，是不是有很多話想說卻說不出口，只能逼自己吞下去呢？」

聽到這裡，書琴忍不住就哭了。

書琴的娘家在北部，燦生住在南部，兩人剛認識的時候曾經書信往來，原本書琴覺得距離太遠不合適，沒想到爸爸看燦生老實又勤快，所以極力撮合這門親事，書琴雖然心裡不是很中意燦生，還是嫁給了他，沒想到婚後發現燦生不識字。原來兩人之間的通信，燦生都是請別人幫忙捉刀。

當書琴知道自己結婚的對象居然是個文盲，令她傷心又懊惱，只能在家裡狂哭。

因為當時爸爸的身體有些狀況，為了怕他擔心，書琴也不敢回家訴苦，只能自己在心裡不斷吶喊著：「爸爸，我們被騙婚了！」

雖然感到難過憤怒，但既然兩人已經結婚生子，為了家庭和諧，書琴也不想讓燦生覺得自己在嫌棄他。書琴私下接觸了生命線的老師，老師告訴她，就算先生不識字，這件事對書琴的生活並不會造成什麼困擾。書琴想了想，確實如此，就沒再多想。時間一久，她以為自己早就不在乎了，但是用大腦想覺得不是問題，內心卻沒有真正接納這件事，所以才會產生掙扎和衝突。燦生不識字的事，書琴從來沒有告訴過任何人，這是她最不想被人知道的秘密，甚至因為這個秘密而惡夢連連。

燦生是個有責任感又顧家的男人，對書琴和孩子都很好，但是書琴總覺得跟燦生溝通很困難，自己說的話燦生常常都聽不懂；偶爾聊天時，燦生都講一些家常瑣事和八卦，書琴根本就不感興趣，所以到後來也不想再多說，因為說了燦生也不會了解。

燦生是個好先生也是好爸爸，卻不是書琴的好伴侶，夫妻兩人的心沒有連在一起。燦生不是書琴可以談心的對象，自然無法滿足她心靈上的需求，正因為有太多話無處可說，所以她才會一直咳嗽，而咳嗽往往是能量的出口。

其實很多先生就算和太太教育程度相當，也不見得會常常跟太太聊天。對於那些無人可訴說的心事，我建議書琴還是要找人傾吐，不一定要仰賴伴侶，也可以跟閨蜜好友分享。此外，如果經濟上不是問題，我鼓勵書琴去參加一些心靈成長課程，也許能藉此機會認識一些志同道合的朋友。

這幾年書琴開始接觸到正能量的觀念，知道情緒會左右一個人的健康，但是她沒有辦法消除心中否定先生的感覺，經常莫名生氣，又不敢表現出來，於是一大堆氣堵在胸口和頭部。因爲她一直不去正視自己內在的悲傷，拚命把眼淚往肚子裡吞，所以喉嚨才會卡住，不停咳嗽，一旦可以坦然說出口，喉嚨就不會卡住，也就不會再咳嗽了。

我請書琴對著燦生的能量說：「親愛的，謝謝你陪伴我這麼多年，也愛我這麼多年，感謝我們能夠共同生育教養孩子。雖然我們沒有辦法很深入地談話，但是你盡力扮演好先生和爸爸的角色，你是很棒的先生和爸爸。如果我希望和人有更深入的交談，我可以找閨蜜或是跟孩子們聊聊；你負責任，又肯做事，是值得尊敬的人，謝謝你，我會學習欣賞你的優點。」

過去書琴一直無法接受燦生沒有受過教育，但這並不是件丟人或可恥的事，每個人有不同的生命機緣，燦生只是剛好沒有受教育的機緣，這並不影響他生命美好的本質。我建議書琴不妨大方地告訴別人：「雖然我的先生不識字，但他是一個很棒的人。一個人好不好，跟有沒有受過教育其實沒有太大的關係，有人學歷很高，卻有很糟糕的人品。我先生是個勤奮顧家的好男人，即使沒有機會受教育，他仍然是一個很好的人。」

幾週後書琴私訊告訴我，門診過後，那些莫名怒氣居然都沒有再出現過，她覺得輕鬆許多。她把燦生不識字的事當成秘密藏在心裡，害怕別人知道，但現在心裡那個否定的感覺沒有了，困擾她三十多年的咳嗽不再犯，也不會老是做惡夢，真正放下了心中的大石頭。

練習題

如何欣賞伴侶？

一朵嬌豔欲滴的花朵之所以美麗，從不是因為它的花瓣完整無缺，而是因為自然真實、渾然天成的獨特姿態，才令人驚豔。如果每一朵花的花瓣都一樣完整，那麼看起來就會像是一朵假花；人也是一樣，正因為有優點、缺點，才顯現出獨特性。

1. 大方的肯定和讚美

在婚姻中，每個人都應該學習去看到伴侶的優點，並且接受伴侶不符合自己期待的地方。人在被欣賞和肯定的時候，自然會不斷強化被人稱頌的特質，就會愈做愈帶勁。相反地，如果發現伴侶有什麼不符合自己期待之處，先不要急著批評抱怨，切記！批評和抱怨無法讓人變好，只會讓伴侶想從這段關係中逃離，或是失去溝通的動力，變得更加沉默。

2. 我們無法改變事實，可以改變想法

萬一伴侶很難滿足我們的期待，不妨想想怎麼做才能滿足自己的需求，有沒有可能放下不實的期待。我們可以選擇把焦點放在伴侶擁有的美好特質上，而不要老是聚焦於對方的缺陷或弱點。我們無法改變別人，但是我們有自由意志可以做選擇，只要願意，每個人都可以選擇看待事情或看待他人的角度，讓自己的視野與生命變得更美好。

3. 學習感恩

每天晚上，在紙條上寫下一到三個今天覺得很感恩和很愛對方的地方，然後彼此分享，再把它存放到收集感恩和愛的箱子裡。當兩個人有爭吵或不愉快的時候，把箱子裡的紙條拿出來看看，自然氣就消了。

對方無法兌現承諾怎麼辦？

德邦和沁玲最近吵架吵得很兇，原因是為了要不要搬回去跟公公婆婆同住而各持己見，爭執不休。沁玲堅持當初是德邦答應絕對不會跟公婆同住，自己才嫁給他的，怎知現在德邦突然失信毀約。想到當時德邦信誓旦旦地答應自己說到做到，結果才結婚沒幾年就不顧當初的承諾，讓她愈想愈心寒，忍不住氣哭了。

其實德邦之所以想要帶著妻子搬去跟父母同住，是有苦衷的。德邦的媽媽前陣子突然中風，導致整個人半身癱瘓，不良於行，所以吃喝拉撒、生活起居，凡事都要有人協助照料才行。但是，德邦的爸爸年紀大了，身體又不好，如果還要照顧生病的太太，實在是力不從心。德邦不忍心看著兩位老人家相依為命過日子，自己明明有能力卻不回去盡孝，也實在說不過去。所以他回家後和沁玲商量，希望可以搬回家住，但好說歹說，沁玲就是不同意。

沁玲並不是不想照顧公婆，只是一想到要與生活習慣截然不同的公公婆婆同住，就焦慮害怕。她也擔心一旦搬去婆家住，可能再也沒有搬出來的一天；再加上照顧老人家不是一件容易的事，種種不確定和挑戰，讓沁玲感到心慌意亂、壓力超大的！她心

想，何況公婆又不止德邦一個兒子，憑什麼就只有他們夫妻要搬回婆家住？

德邦和沁玲小倆口已經為此冷戰多日，德邦一臉無奈地對我說：「難道真的要為了這件事搞到離婚嗎？」

德邦之所以提議搬回家，並不是故意破壞當初的承諾，而是面對突如其來的變化，讓他自覺必須負起為人子女應盡的責任。沁玲則認為德邦既然許下承諾，就應當說話算話，無論什麼情況都不能反悔。但她忽略了世事無常、天有不測風雲的道理。世界上沒有任何人可以保證，事情永遠都不會變化，一旦情況改變，對方做不到或無法堅持下去，就感到生氣、傷心、憤怒，這其實是對無常的認知不清。如果答應就一定能做到，那麼世間何來離婚這件事！畢竟在踏上結婚禮堂的時候，每對伴侶都許下了互相陪伴、照顧對方一生的承諾。

有些人結婚時，伴侶的經濟狀況良好，但是日後投資不利或經商失敗，生活可能在一夕之間風雲變色；有些人遇上金融海嘯，原本豐厚家產一夕化為烏有，這樣的例子並不少見。世事難料，天意難測，一如我們現在的想法，比起十年前也有很多不同。**人心會變，環境會變，因緣條件也會變，如果改變已經成爲事實，抗拒也沒有用，應該學著接受它，想清楚對自己來說什麼才是最重要的，然後思考如何因應，做出調整。**

沁玲的心情並不難理解，但生氣或抗拒並無助於解決問題。我建議德邦不妨考慮先搬到父母家附近住，就近照顧，或是請其他兄弟輪流照顧、暫時找個幫手分擔家務，才不會讓沁玲的精神壓力突然爆表。好好傾聽沁玲在擔憂和害怕什麼，找出雙方都可以接納的做法，無須堅持己見，要求對方全盤接受。

我們往往會受限於看待事情的角度，無法看清楚事情的全貌，以及理解每個人言行背後的成因，才會感到失望和氣惱。如果不能適度排解心中的負面情緒，很容易對身體健康產生不良影響。每當我們表達憤怒時，身體的細胞會跟著接收憤怒的訊息與指令，無形之中也是在傷害自己。而當我們帶著怒氣跟伴侶相處時，也很容易發生衝突。所以一旦有負面情緒出現時，重要的是去覺察它的來源，然後加以轉化，不要讓自己繼續沉溺其中。

沁玲可以跟德邦說：「我願意試試看，但是如果無法持續下去，或是發生衝突，請你諒解，並且從中幫忙協調。」如果她能把自己的擔憂告訴德邦，懂得去傾聽和了解彼此，夫妻兩人坐下來好好商量如何面對和解決，而不是各自堅持己見，其實問題並不是那麼難處理。

練習題　如何面對衝突？

人在面對衝突時，很容易就啟動由邊緣腦主導的「戰與逃」反應，一時激動失去理智，導致說錯話或做錯事。這樣不理性的情緒反應，一般來說大約發生九十秒之後就會緩和下來，逐漸恢復理智。所以，一旦發生衝突時，先別急著做出反應，最好先冷靜一下，試著深呼吸幾次，調整自己的情緒（可以練習「頭部氣血上升法」或「甩還宇宙法」的情緒釋放方式），然後問自己：「事實是什麼？我可以如何調整心態來解決這個問題？有什麼方法對雙方來說都好？現在對方需要的是什麼？我可以如何提供協助呢？」當我們不把重心只放在自己身上時，比較容易從對方的角度看事情，進而跳脫既有的思考框架，找到更好的處理方法。

如果可以，不妨用下列方式邀請對方一起練習：「我知道你希望……而我想要……一直爭吵只會讓我們互相傷害，而我很不願意傷害你，也不希望被傷害。我們是否可以一起腦內激盪，找出一個我們目前還沒想到，但可能更好的解決方案呢？」盡量不被情緒化的邊緣腦左右，避免和伴侶持續對立或惡言相向。

當衝突發生時，學著把衝突化為成長的契機，才能和伴侶共度難關，攜手前行。

・頭部氣血上升法：https://youtu.be/UVtDHxkBPN8
・甩還宇宙法：https://youtu.be/1oMfb_EuMJA

頭部氣血上升法

甩還宇宙法

看伴侶不順眼時怎麼辦？

鳳英因為長期胃痛和脹氣來就診，我發現她的體內累積了很多生氣的能量，於是問她是不是在生誰的氣？有沒有看誰不順眼？鳳英想了想，說她看自己的先生阿超很不順眼，氣憤難平。

阿超已經失業一段時間，每天在家裡無所事事，找工作有一搭沒一搭的，也沒見他積極去面試應徵，整天不是上網打電動，就是滑手機、看電視，大白天就在家裡耍廢。阿超不去找工作就算了，也從來不幫忙料理家務，無論鳳英講得再多都沒有用，到後來她也放棄了，乾脆把阿超當成隱形人，視而不見，隨他自生自滅。

阿超的爸爸也是一個不負責任的男人，在阿超還很小的時候，就拋家棄子、離家出走。阿超從小就由媽媽一手扶養長大，雖然媽媽很愛嘮叨，但阿超知道媽媽很疼他，母子感情深厚，阿超和鳳英結婚後，也經常帶著妻小回家探望母親。

我告訴鳳英，阿超成長在一個父親失能、母親辛苦養家，卻充滿了抱怨的家庭，他的內心難免對父親有諸多不滿。**一個人在批評自己的父母時，往往會厭惡像父母的自己，也會批判像父母的自己。**所以，阿超對父親的批判，也是在自我批判；他討厭父親的不負責任，也一樣會討厭無法承擔起家庭責任的自己。但自我批判只會讓阿超感到無力，對自己更加地厭惡，落入萬劫不復的惡性循環之中。另一方面，阿超不去工作其實是用消極的心態反抗鳳英一直以來對他的蔑視、批判和憤怒。

有些女兒討厭母親的碎碎念，發誓以後一定不要像母親那樣嘮叨，但一旦自己當上母親，不知不覺就會跟媽媽一樣。雖然她們討厭喋喋不休的自己，卻很難做出改變，反而生氣為什麼孩子那麼不乖、不聽話，讓她變成一個囉嗦的人。此外，我也在診間看過有些媽媽，雖然表面上可以勉強做到嘴上不嘮叨，但心裡卻克制不了，最後反而憋出了病來。

在人生中，我們常常對很多事情抱持著既定的成見，例如男人應該如何如何，女人又應該如何如何。透過這些預設的立場，我們便為自己和他人設下了一套標準。以鳳英的例子來說，如果她沒有「男人應該負起養家的責任」這種根深柢固的觀念，無論阿超從事什麼行業，即使賺的錢沒有自己多，她也不會太在意，甚至還會感謝阿超的努力，以及為家庭的付出。這樣一來，阿超也會比較有動力繼續去努力，在職場上有更好的表現。但是當她懷有「男人應該負起養家責任」這樣的期待，或是和別人的先生做比較，就很容易因為期待落空而心生不滿。阿超不願意順從鳳英的意思做出改變，所以表面上她一派平和，不再叨念，但內心卻輕視和厭惡這樣的先生，充滿了憤怒、怨恨的情緒，自己也深感痛苦。

我告訴鳳英，要先放掉對阿超的期待，不要勉強他符合自己預設的「好老公」框架，尊重阿超有自己的生命課題，才能夠脫離桎梏，活得更好。每個人都有生命所留下的功課，鳳英可以選擇祝福並陪伴阿超一起成長，共同面對人生的難題，也可以選擇離開，讓阿超去面對自己的功課，做出他自己的選擇。我們唯有真正尊重和接受他人的選擇，才能感到輕鬆自在，對方也才能感受到我們釋出的善意，進而和諧共處。

當我們生氣和不滿的時候，那些不調和的能量容易集中在胃部，導致胃痛、脹氣等問題。一旦我們釋放掉這些負面情緒時，胃自然就鬆開了。有不少和鳳英有著相似問題的病人，在診間時把心結都打開，胃痛和脹氣也消失了，但是當他們回去面對婚姻的課題時，若沒有真正地學會做到放下，就很容易讓能量再次凝結、想不開，於是胃痛和脹氣的毛病又再度發作。所幸，走出我的診間之後，病人大多明白自己的問題出在哪裡，懂得如何轉念、釋放內心負面的能量，所以即使復發，症狀大多比較輕也容易痊癒，就看自己怎麼做出選擇了。

練習題 關係覺察三步驟

這個練習共有三個步驟，要一步一步完成，不要一口氣做完三個步驟。請先完成第一個步驟後，再去看第二個步驟；等完成第二個步驟，再看第三個步驟，一個一個地做完。

步驟一

寫下伴侶有什麼地方是我看不順眼的？我對他（她）的期待是什麼？這個期待是來自什麼樣的框架和信念呢？

步驟二

當我抱持這樣的期待和框架時，有什麼感受？我的身體反應如何？我是怎麼看待伴侶的？如何跟伴侶相處及互動？請先深呼吸三次，然後靜下心來思考問題的答案。感覺一下當自己帶著這樣的思維和框架時，人生變得如何？和伴侶的關係又是如何？然後試著陪伴自己，去覺察當下的困境和感受。

步驟三

看到自己因某些框架和期待導致與伴侶互動產生問題時，試著去找出問題的根源。如果發現這些限制性信念是來自父母，例如「男人都不是好東西、都很會花心」，或是「女人都很強勢又頑固」，就把這些想法還給父母；如果是來自社會文化，例如「男人應該賺錢養家」，或是「女人應該溫順、聽話」，就把它還給社會文化。然後進一步覺察，當自己把這樣的期待和框架放下時（如果無法全然放下，能夠暫時放下也好），有什麼感受？身體產生什麼反應？看待伴侶的角度有什麼不同？可以如何跟伴侶相處互動？

你有沒有感覺到那個放下期待與框架的自己，變得比較舒服呢？這樣的自己是否可以比較輕鬆自在地跟伴侶相處呢？是否可以創造出比較和諧有愛的關係呢？

透過以上三個步驟的練習，我們會發現所謂好或不好，其實都只是自己的思維和想法罷了。畢竟剛剛的練習都沒有對方的參與，卻帶給我們截然不同的體驗，所以每個人都可以創造出更理想的伴侶關係。

我辛苦地做得要死，但我的伴侶卻閒閒沒事做！

「醫生，我嫁給我先生已經十多年了，這些年來他不是失業沒工作，就是把賺來的薪水花光光，從來都沒有為我和孩子打算，所以我們家長期處於零存款的狀態。上個月我告訴他，如果他還想要這個家，就不要再打電動了，但是他依然我行我素，根本沒有把我的話當作一回事……」百惠用無奈又哀傷的語氣跟我訴說自己的婚姻困境。

百惠的經濟壓力很大，因為先生沒有責任感，也不負擔照顧家庭的責任，所以她除了房貸之外，還要獨立支付家中所有的開銷和孩子的學費。沉重的生活壓力經常讓她喘不過氣來，內心有很深的無力感，此外也有嚴重的睡眠問題。

百惠說一直以來，她都告訴自己，先生一定會變好，但是她不知道該怎麼幫助先生。她不斷努力想著先生的好，盡量不去想到先生不好的地方，凡是能做的都盡力做了，但先生還是無動於衷，十幾年下來，她真的覺得好累、也好無力……

我告訴百惠，我們很難改變他人，一味期待對方有一天會改變，往往只是自欺欺人，壓力仍然存在。因此，我們只能選擇自己想走的路。

百惠無奈地告訴我，其實她想離婚已經很久了，但是一想到孩子因為失去父親，而沒有一個完整的家，她就覺得於心不忍。

很多女性都會用一些理由來說服自己繼續留在一段令自己不快樂甚至危機重重的婚姻關係裡，認為為了孩子自己犧牲也沒有關係。但是什麼才算是一個完整的家呢？世事無常，人生的意外隨時會出現，每個人都有可能在一瞬間失去父母和摯愛的另一半，難道失去父母和另一半的家庭，就不再完整了嗎？其實所謂完整的家，並沒有標準可言，一切就看自己如何定義。

很多在單親家庭長大的孩子，也可以過得很好，活出精采人生。名作家劉墉先生年紀很小的時候就失去父親，但母親把他教養得非常好，日後他也功成名就，寫了很多很棒的暢銷書，影響了很多青少年，為這個世界做出貢獻。所以，千萬不要用所謂「完整的家」當藉口，把自己的人生框住，還可能讓孩子背負莫須有的壓力。

許多人把「孩子」當作維繫一段不愉快婚姻的藉口，甚至用離婚作爲籌碼，要求孩子順服自己的意見；或是不斷跟孩子強調，自己的日子過得這麼痛苦，都是因爲孩子。倘若孩子不聽話或不順從，就會覺得格外傷心、難過，覺得自己為孩子做出犧牲真的不值得。

百惠說，她的先生從小就缺乏他人的肯定，所以一直是個沒自信、做事也沒有什麼動力的人，她能體諒先生的痛苦，但實在不知道自己還能做什麼才好。我建議百惠先不要管對方怎麼想，重要的是先釐清自己的想法，想清楚自己要什麼、能做什麼，一旦做出決定後，為自己的決定負責任就好。人間萬事萬物本來就不可能事事盡如己意，

既然事實已經發生，我們可以做的選擇，並不是去改變別人，而是改變自己。

在人生中，每個人都可以選擇不同的道路，而當我們渴望看到截然不同的人生風景時，若是一再走同樣的路，根本是緣木求魚，自然會感到失望。一旦我們願意為自己的生命全然地負責，不再期待或等待他人做出改變，才可能真正感到輕鬆自在。

聽完我的話，百惠似乎覺得輕鬆不少，臉上的表情也不再那麼陰鬱。她說自己會試著努力看看。

看著百惠走出診間的身影，我知道，她已經踏出了改變的第一步。

練習題　走自己的路

很多已婚女性往往是為了孩子或先生而活，總把自己的需求擺在最後。如果妳也是這樣的人，不妨反思自己是否有以下三個問題：

1.我是否覺得自己不值得被愛、不值得被尊重，或不值得被好好對待？

在重男輕女的家庭中長大的女生，常會在潛意識裡抱持這樣的信念，所以容易忽視自己的需求或犧牲自己。但是人在不斷自我犧牲的狀態下，會產生委屈和抱怨的情緒，一旦感受不到他人的感激之心或是付出沒有獲得相同回報時，就會覺得生氣或哀怨，如此一來，反而會產生衝突，造成家庭不和諧。

所以，我們愛別人，更要愛自己，不要一心只想著犧牲自己、顧全大局，應該學著如何做到「共好」。例如你很喜歡吃雞腿，但先生和孩子也很愛吃，那就大家一起分享，而不是把雞腿都讓給他們，自己只吃剩下或是他們不要吃的雞胸肉。

2.我是否帶著渴望被他人需要的心態生活呢？

潛意識裡有自卑感或自覺不被愛的人，內心很希望被他人所需要，覺得這樣的自己才有價值。有些女性在不知不覺中會成為伴侶的依靠，自己扛得很累，對方也會愈來愈沒有自信心，進而加深無力感。就像百惠很努力地想要幫助先生，甚至一肩扛起了所有的家庭責任，結果卻助長了先生不負責任的生活態度。

3.你是否潛意識裡有著想要掌控他人的慾望呢？

你認為把家人都打點得好好的才是盡責，但是當家人不願意按照你的安排行事時，是否會感到失望、生氣？或是強勢地說服他人必須遵從自己的方式呢？你是否總認為自己的想法或做法才是對的？

當我們一直抱怨先生如何糟糕、自己如何不幸時，不如去想想為什麼自己會繼續走在同樣的路上，卻期待四周的風景會有所不同呢？只有學著為自己的選擇和處境負責，把別人的責任還給別人，才能脫離這種慣性思考。

4.我是否習慣批評或嫌棄別人做得不夠好呢？伴侶幫忙做的時候，我是否總覺得他做的不正確或會在旁邊「教導」他應該要如何如何才對？還是在事後自己一面重做還一面抱怨這個地方沒有做好、那個地方還沒有做完善呢？很多時候我們以為自己是在指導別人，幫忙別人可以做得更好些，但聽在對方的耳裡卻是被嫌和被批評，覺得自己做到流汗卻還被人嫌真的很不好受，下次就不會繼續做了，會想說「你行就你自己來好了，你根本不需要我的貢獻和幫忙」。比較好的方式是把自己的標準和認定的對錯放下，去看到對方做得很棒的地方，和願意幫忙的心，然後予以真心的感謝和讚賞，畢竟伴侶之間的親密關係遠比家事做得正確與否來得更重要！當我們給予真心的感謝和讚賞，對方自然會愈做愈起勁、愈做愈好！畢竟家事做多了自然會熟能生巧，會做家事的女生大多也是從小這樣訓練出來的啊！

在伴侶面前我很自卑，只能不甘願地順從

曼萍的喉嚨經常發炎、腫痛，每次一發作就去看醫生拿藥，吃了消炎藥以後雖然情況會比較好，但是往往過不了多久又再度復發，讓她深感困擾。經人介紹，曼萍特地從台中跑來花蓮看我的門診，她很想知道自己究竟是怎麼了，為什麼喉嚨會反覆發炎。

看了曼萍的能量場，我一邊幫她調整能量，一邊告訴她：「妳的喉嚨不舒服和妳的先生有關，有些他對妳做過的事情，讓妳覺得很不開心，但是妳不太會表達出來，所以能量都塞在喉嚨裡。」

曼萍半信半疑、一臉疑惑地說：「咦！我還以為喉嚨痛是因為吹太多冷氣的關係。」說完，她想了一會，才幽幽地說，自己和先生的確常常鬧彆扭。

曼萍的先生從小就很會讀書，大學聯考的成績其實可以進醫學院，但選擇了就讀法律系，現在賺的錢也是曼萍的兩倍以上。因為先生很優秀，所以曼萍經常覺得自己不如他，總感覺在先生面前好像矮了一截。

先生一直以來就很有優越感，在家裡也很強勢，總是管東管西、頤指氣使地把曼萍當成小孩一樣說教，常常指責她這裡不好，那裡不好。曼萍不時被先生叨念得很煩，

但又覺得自己的確如同先生所說的，所以只能默默忍受他的批評和責難。

我告訴曼萍：「吹冷氣著涼只是外在因素，喉嚨痛反覆發炎真正的主要原因，是妳和先生之間的問題。」曼萍有一股傷心的能量，覺得自己不夠好，所以心甘情願被先生管，她必須去深入地探索自己的內心，看看它在不滿什麼。

先生的功課比較好，工作或賺錢的能力比較強，往往會造成另一半的自卑之心。但是，**每個人都有屬於自己的生命特質，世界上沒有一個人是完全優越於另一個人的**，就像並不是學問比較厲害，或比較會考試的人，就可以成為一個好醫生；而一個好的醫生，也未必會是一個好先生或好太太。現在網路如此發達，資訊取得與更新比起過去要便利許多，一般人在網路上搜尋到的健康訊息未必比醫生少，所以，當醫生的除了會讀書考試之外，還有很多需要學習的地方，像是培養溝通表達能力、同理心……等不同層次的能力。

很多考上醫學院的學生，都是從小成績就經常名列前茅的人，所以往往自信心很強。但我也看過一些學生在進入醫學院就讀之後，發現聰明又優秀的人比比皆是，意識到人外有人、天外有天，因此變得極度沒自信，甚至自暴自棄。其實求學的最終目的，不在於比成績、拚名次，而是要將眼光放遠，去發掘自己的天賦所在，好好努力耕耘它，進而肯定自己，也才能真正地愛自己。

我請曼萍跟先生說：「謝謝你對我的愛和關心，但我不是小孩子了，也不是你的所有物，請你尊重我有生命的自主權，讓我做我自己。我很感謝你對我的在乎和照顧，但我是你的伴侶，我們是平等的關係，所以請你尊重我，你的期待和要求不是我應該要去滿足的。」

曼萍離開診間之前告訴我，她的喉嚨鬆了很多，痛感已經不再那麼明顯，真的很替她開心。我常說：「心不卡住，身體就不會卡住」，疾病的生成經常都是某個能量被卡住了，只要情緒順了，能量就順了，病痛也就可以慢慢痊癒了。

練習題　如何「帶著愛說不」？

華人社會的傳統文化裡有著男尊女卑、女子無才便是德的觀念，所以很多人在選擇伴侶時，會傾向考量男方的教育程度、社經地位或是家世背景各方面條件，最好都優於女方。尤其是老一輩的夫妻關係更是如此，女性婚後嫁入夫家，就成為先生的附屬品，屬於「被扶養」的一方。所以太太對先生必須做到三從四德，甚至卑躬屈膝、唯命是從，她們自認為不如先生，不敢違背先生的意思，打從心裡覺得自己不夠好。

每個人都是獨立的個體，都擁有自由意志，無論如何，都應該被尊重。所以當你在面對強勢、自負、好為人師又自以為是的伴侶時，應該學習帶著愛意，誠實地表達自己的想法，並且說出跟伴侶不同的意見。

做這個練習時，要先處理好自己的情緒，不要帶著生氣的情緒去反駁或拒絕對方，不然只會造成兩人的衝突和不愉快。建議等到雙方情緒平穩之後再做溝通。

首先，感謝對方對自己的愛和關心，然後跟對方說：「我已經清楚你的意思和建議了。你的意思是……（讓對方知道你的確理解他的意思），我會考慮看看。但我不是小孩子，也不是你的附屬品，所以請尊重我有生命的自主權，我的事情我會自己決定並負起責任。我要學習用自己的方式去探索生命，進而成長。很感謝你對我的在乎和照顧，但我是你的伴侶，我們是平等的關係，所以請你尊重我，你的期待和要求不該由我來滿足。謝謝你願意尊重我，我也會尊重你。」

「情緒」是怎麼出現的？

麗雯因為先生不願意幫忙做家事而經常感到氣憤，她總是抱怨：「先生不幫忙做家事，讓我很生氣，如果他能幫忙做家事，我就不會生氣了！」其實麗雯的意思是：「我期待（或我認為）先生應該幫忙做家事，而事實是先生沒有幫忙（或是沒有依照我想要的方式幫忙），我的期待跟事實有所出入，這讓我感到很失望。」麗雯也因此出現以下的想法：「我先生不愛我、不尊重我、對我不公平，為什麼別人的先生那麼好，我卻這麼倒楣，嫁給這樣的先生……」這些比較、計較、批判的想法一再出現，使得她愈想愈生氣。

事實上，讓麗雯生氣的是她的期待、批判、比較和計較之心，以及認為他人或事情「應該如何如何」的想法和執念，一旦選擇放下，自然就可以不生氣了。

進一步去觀察麗雯跟先生之間的問題，會發現先生之所以不幫忙做家事，是因為麗雯會要求凡事都得按照她的方式來做。例如：洗好的碗要如何放置，衣服有特定的晾曬方式，如果先生沒有按照麗雯的標準去做，她就滿臉不高興，會一直碎碎念，先生認為幫忙做家事的結果，反而讓太太更不開心，自然就不想再幫忙了。（如何讓先生喜歡幫忙做家事可以參考第一一一頁的練習題第四點。）

我們要學著不把想法當成事實，同時不要落入太多想像中的情節，避免製造讓自己生氣的「故事」，此外不妨更進一步地反思，爲什麼這件事會發生。每件事的發生都有其因緣，跟我們想不想要它發生，沒有太大關係。

「情緒只能體驗，我們無法擁有」的觀念，或許剛開始有些難懂，但這跟我們平常接受的教育、文化和思維模式很不同。

很多人不能理解為什麼「情緒不是自己的」？難道人之所以會生氣，不是因為自己想生氣嗎？人真的是因為想生氣才生氣嗎？生氣明明讓人感到很不舒服，為什麼還要生氣呢？其實人會生氣，往往不是有意識的選擇，而是因為有了導致生氣的想法出現。所以說「情緒不是自己的」，意思是情緒並非我們的本質，而是經由某些想法所衍生出來的。

情緒的升起有其因緣，必須靜下心來看，才能了解它是如何升起，又如何消失的。

當我們在排隊看電影時發現有人插隊，腦海一下子就會冒出很多想法：「我排了這麼久，他怎麼可以插隊呢？真是豈有此理！」、「他沒看到後面隊伍已經排這麼長了嗎？」、「就是有這種人，社會才會一團糟！像這樣的害群之馬真是太可惡了！」一個又一個令人想生氣的念頭不斷出現，才會導致生氣的情緒產生。只是大多數人並不會覺察到，這些想法都是我們自己在大腦裡不斷編造的劇本，除非經過禪修、內觀、靜坐等訓練，否則很難能夠清楚地覺察到。

如果繼續觀察，也許會發現剛剛那個插隊的人，只是來跟排在前面的舊識打聲招呼、聊了兩句話之後就走了。一看到這個情形，我們的想法就會跟著馬上改變，原本生氣的情緒也會隨之消失無蹤。這個例子說明了情緒的升起和消失並非固定不變，情緒不屬於我們個人所擁有，大多時候也不受自己所掌控。

很多人認為自己可以控制情緒，但與其說是控制情緒，不如說是在壓抑情緒，因為人無法讓情緒不起起落落，只要持續出現令人想生氣的念頭，生氣的情緒就會跟著冒出來。只是有人會把情緒發洩出來，有人則強自壓抑，或用理智說服自己不要生氣。就算我們的大腦可以說服自己不需要生氣或跟自己過不去，但身體還是會感受並累積生氣的能量。

誰都無法抓住情緒不放，生氣、傷心、害怕、快樂……等各種情緒都不屬於我們，只能體驗它的來來去去，就好像我們只能感受快樂，卻無法擁有快樂。如果我們真的能擁有快樂，它又怎麼會莫名消失呢？所以，快樂或生氣等各式各樣的情緒的升起皆有其因緣，當快樂的因緣出現時，快樂的情緒就會出現；當快樂的因緣消失了，快樂的情緒就會跟著消失。

情緒並不會因為我們的期待或希望而出現，與其說：「我很生氣、我很傷心、我感到憂鬱……」不如說：「我正在體驗生氣的感受、我正在體驗傷心的感受、我正在體驗憂鬱的感受……」遇到難過的事，我們可以提醒自己：「感受會隨著緣起緣滅而來來

去去，所以當下的體驗也會過去，我不需要緊抓著不放或是抗拒感受的存在。」

只有讓生氣的「因」消除，才不會出現生氣的「果」。當你感覺生氣時，要找出讓情緒升起的源頭，進一步加以梳理，情緒就能跟著轉變。切記！所有情緒的源頭，一定是在自己身上，無須責怪他人或依賴他人有所改變。

練習題 **靜心**

首先找個安靜的地方，選擇一個舒服的姿勢坐好，把注意力放在自己的人中（鼻下）、胸口或是腹部，從這三個位置裡任選一個作為專注的目標（只能專注一個位置，不能隨意換來換去）。然後緩慢又自然地吸氣和吐氣，把心思放在觀照的目標上，去覺察自己的呼吸。每天早晚各做一次，時間大約二十到三十分鐘。

當心靜下來時，我們比較容易看到腦海裡出現的各種念頭；當內心紛亂，就很難覺察竟然有那麼多念頭不斷地浮現又消滅。建議可以參加法鼓山的基礎禪修課程，學習用數息的方式，讓自己的心安靜下來。也可以用一行禪師的方式，將鬧鐘設定為每隔十到十五分鐘響一次，看看自己的心思飄到什麼地方，正在想些什麼事情，然後提醒自己回到當下。

伴侶要分手，但我放不下怎麼辦？

芝宜已經跟俊瀚提過分手好幾次了，每次俊瀚情緒都很激動，不是哭得像個孩子似的，就是生氣暴走捶牆壁，最後兩人總是以上演抱頭痛哭的戲碼收場，所以一直分不開。那天芝宜在俊瀚心情比較平和的情況下，好言好語地再次提出分手的要求，而俊瀚也一反常態地沒有出現太激烈的反應。原本芝宜以為總算能夠好聚好散，沒想到俊瀚隔天開始守候在芝宜的住處外面，只要看到她出門就亦步亦趨地跟著。那天深夜，芝宜想去便利商店買東西，下樓時看到俊瀚站在家門口，這下真的把她給嚇壞了！

憔悴的俊瀚無助地來到我的門診，跟我說了女友芝宜要跟他分手的事情。俊瀚說他真的放不下芝宜，她是自己生命中絕對無法失去的人，但芝宜堅持分手，他不知道該怎麼做，才是對芝宜和自己都好。

俊瀚把芝宜寫給他的訊息秀給我看，她是這樣寫的：「我已經把你的東西寄還給你了，希望你不要再跟我聯絡。從那天晚上到現在，不管是在家裡還是在外面，只要有一點風吹草動，我都會緊張害怕、疑神疑鬼的，不知道你會不會又貿然出現？你已經對我的身心造成傷害，這些都是無法否認也無法彌補的事實。既然當初我決定和你交往就要承擔後果，我現在正在承擔我的後果，希望你也負起你的責任，請你不要再聯絡我了。」

我告訴俊瀚，我們常常以爲自己和某個人相愛就是擁有彼此，但那只是假象，因爲我們完全無法控制別人要怎麼想、會怎麼做。一個人會有什麼因緣，會遇到什麼人、發生什麼事，會不會生病，或是遭逢意外事故，我們其實都無法控制，既然如此，又怎麼能說擁有呢？不曾擁有對方，又哪來所謂的失去呢？

俊瀚說「她是我生命中絕對無法失去的人」只不過是一個想法罷了，並不是事實。畢竟事實是在芝宜出現之前，俊瀚也是好好地活著，所以不必硬把自己的想法困在死胡同裡面。就好像一個人可以想像自己是一頭大象，但那就只是一個想法，不具有任何真實性，無論怎麼努力去想，都不會成為一頭大象。

任何大腦發出的念頭，都不過是個想法，但我們常常會把想法當成事實，甚至用一些不是事實的意念，綑綁住自己。

人非物品，無法擁有。當我們懂得用愛、尊重、感謝和關懷去對待他人時，彼此之間的愛才會增長，對方自然會想要更靠近我們；但當我們用威脅、控制、憤怒、暴力或讓對方感到內疚等方式去對待他時，愛就會消滅，對方也會想要遠離。既然芝宜選擇了遠離俊瀚，也已經明確地表達自己的想法，俊瀚應該要尊重她的選擇。

一臉悔恨表情的俊瀚，這時才意識到自己帶給芝宜多大的傷害和恐懼。

當我們被別人拒絕時，難免會感到很痛苦，尤其是小時候有過被父母遺棄或拒絕的經驗，更容易強化這樣的感受。在兩性關係中，原本素不相識的兩個人從陌生到在一起，是需要磨合的，如果一方努力給予很多的愛和關懷，另一方卻視為理所當然，只是享受這份愛，卻不懂得回報，或不知道該如何去愛，一心只想著抓住對方，這種不對等的關係很容易讓付出較多的一方感到不平衡，因而想要結束這段感情。至於一味索取愛卻不付出的另一方，一旦知道對方想要離開，往往不願意輕易放手，深怕面對失去對方的後果。

我請俊瀚觀想著芝宜就站在他的面前，對著芝宜說：「真的很抱歉，我傷害了妳，讓妳感到不安和害怕，請妳原諒我。我會學習尊重妳，也尊重妳的選擇。謝謝妳曾經給我的愛和照顧，跟妳在一起的美好時光，我會珍藏在心裡，這是屬於我們的記憶，也是我生命中的一部分，我會好好珍惜。祝福妳可以找到適合妳的伴侶，也請妳祝福我能夠找到適合我的人。」說完，俊瀚整個人突然覺得放鬆了許多，也才知道過去被自己的執念綑綁了這麼久。

面對這段感情的挫敗時，俊瀚必須看清楚自己在親密關係中的問題是什麼，並且試著做出改變，當下一段姻緣出現時，才不會重蹈覆轍，也才有可能創造美好的親密關係。我深深地祝福他可以從失敗中學習和成長，相信這也是芝宜送給俊瀚的生命禮物。

練習題 轉念心更寬

常有一些在親密關係中掙扎已久的病人來到我的診間，問我應不應該結束讓他們痛苦不已的關係？我總會請病人看看自己和對方之間的因緣和心意。如果彼此還有愛，也願意嘗試繼續在一起，那就該學習如何調整自己的情緒和言語、行為，讓這段關係可以獲得改善。如果彼此的緣分已經消失殆盡，再也沒有耐性去為對方做出任何改變，或許分開對雙方而言都是好事。趁著彼此的因緣還不至於太糟糕時分手，還有機會做朋友；等到惡緣愈結愈深時才放手，情況只會更複雜、更痛苦，分手後也可能老死不相往來，甚至連孩子都跟著受累。

其實一段關係會有外緣介入，往往是因為本身已經出現很多問題，只是沒有被發現，或當事人隱忍不發作罷了，所以發現另一半有外遇對象時，不必急著譴責對方，重要的是問自己想不想繼續這段關係？

以下是七種在兩性關係中常見的狀況，以及如何轉念的建議，希望對正處於困境的伴侶有所幫助：

1.捨不得離開對方：我們常聽到有人因為捨不得離開對方，而守在一段受苦的關係中。他們一直惦記著和對方在一起時的美好，但真正捨不得的，其實是當初熱戀時的那個人，而不是後來讓自己想要從關係中逃離的這個人。請問問自己的心：「我是否喜歡目前的相處模式？我是否真的喜歡這個伴侶？」看清楚這個對象已不是過去那個溫柔友善的人，而是眼前這個相敬如冰／兵，甚至外遇劈腿、讓人傷心痛苦的人。記憶中相愛的伴侶早就不存在現實之中了！

2.害怕被拋棄：很可能跟小時候的經驗有關，或是受到原生家庭的影響。父母親太忙、沒有跟孩子建立安全依附感，或是在單親家庭長大的孩子，比較會有害怕被拋棄的傾向；此外，也可能是來自過去被伴侶拋棄的經驗。不妨仔細覺察自己是否有這樣的感受或經驗，如果是因為小時候的經驗，可以輕輕地告訴自己：「我已經長大了，可以自己照顧好自己，我現在很安全。」如果是來自被過去伴侶拋棄的創傷，可以看清楚事實到底是什麼。其實並沒有誰拋棄誰的問題，只是兩個人的緣分盡了，其中一人先提出分手的要求罷了。我們可以拋棄物品，但是無法拋棄人，因為人跟人之間沒有擁有權；我們無法擁有「人」，所以也無法控制人。

3.卡在自己的想法裡：類似俊瀚的狀況，因為帶著「她是我生命中絕對無法失去的人」這樣的想法，把自己困住了，可以參考前述處理方式。

4.不想或害怕改變：人生本來就會不停地產生變化，一段婚姻會走到盡頭，一定是雙方不斷改變的結果，否則當初愛得死去活來，現在怎麼會變得勢同水火。請試著告訴自己：「我願意嘗試改變。」無論是想要繼續或是離開一段關係，自己都得願意做出改變。如果想要繼續的話，就要改變目前的相處模式和自己的個性、溝通方式，不然就算這段關係勉強繼續維持下去，遲早還是會走到結束的那一天。

5.害怕孩子沒有完整的家庭：家庭的定義可以很多元，沒有所謂的完整不完整。有些父母很早就離開人世、有些父母因為工作而分居兩地、有些人生長在單親家庭、有些人是隔代教養下長大的……現代社會的家庭模式有很多樣貌，孩子也要學著去尊重和適應不同的家庭模式。

孩子來到這個世界，是來學習的，一定會面對各種困難，只有這樣才能從中得到成長的機會。沒有遇到困難或考驗，就沒有成長的機緣，所以不必因為孩子而感到憂心。重點是要讓孩子們知道，即使爸爸媽媽分開，跟孩子的關係不會改變，也會一輩子關心著孩子。我看過不少孩子甚至會力勸父母乾脆離婚算了！他們看到父母每天吵吵鬧鬧或冷戰，讓家庭氣氛變得很糟糕，情緒只會更不平穩，內心充滿痛苦。

此外，父母千萬不要跟孩子說：「我都是為了你，所以才不離婚的！」選擇離不離婚是父母自己的決定，跟孩子無關；夫妻的關係也許會變，但親子之間的血緣關係不會有所改變。

6.離婚代表「我失敗了」：離婚跟失敗沒有什麼關係，同樣地，結婚並不代表成功。有結婚的因緣，就可能會有離婚的因緣，就像人有出生的因緣，就會有死亡的因緣一樣。人類的思維模式習慣慶祝出生、哀悼死亡，事實上，死亡是邁向出生的契機；而出生是死亡的開始，說起來是一體兩面，哪裡有什麼好壞、成功或失敗之分呢！結婚是相愛的男女共同生活的開始，隨著一方死亡，終究會走向共生關係的結束；而離婚則是一段共生關係的結束，也等於是往另一段共生關係前進。

兩人在行為、言語、心念上用愛相待，結下或增長好的因緣，對人生有相同的目標和理念，進而產生共生的果，自然會愈來愈相愛，想要長相廝守。事實上，無論在一起或分手，都沒有所謂好壞或對錯，一切只是緣分的增長或消滅罷了，有緣則聚，緣盡則離。

7.害怕找不到下一個對象：相較於男性，女性比較會有這方面的恐懼，但其實無論男女，與其擔憂找不到下一個對象，不如先好好充實自己，這樣不管是否有下一個對象出現，都可以活得很好！「花若盛開，蝴蝶自來；人若精采，天自安排。」讓自己成為一個內在豐富又有內涵的人，自然會吸引別人來追求。人常會恐懼改變，但成長的契機往往就在改變當中，很多人寧可死守在一段猶如爛泥的關係裡，不斷地互相傷害折磨，也不願離開，長久下來，身體一定會出狀況。有些人會把委屈生氣不斷地往內積壓在體內，最終形成各式腫瘤或導致發炎；有些人則會變得心情很低落、沒勁，陷入憂鬱沮喪的情緒漩渦裡。

成長往往是一個打破現狀、充滿不確定性，甚至讓人痛苦萬分的過程，就像毛毛蟲要蛻變成蝴蝶，必定要經過破繭而出的掙扎，請勇敢地告訴自己：「我願意鼓起勇氣邁向不確定的未來，反正人生就是來演一齣戲的，我願意改寫自己生命的劇本。」

我對伴侶很不滿怎麼辦？

淑妙是虔誠的佛教徒，凡事都會從佛教徒的觀點思考。也因為篤信佛教，所以婚姻雖然帶給她很多痛苦和生氣，她仍然堅持忍耐。她總覺得如果自己離婚了，就是沒有好好完成這一世的功課，只好不斷地隱忍、氣在心裡。長久下來，她整個人都處在非常糟糕的狀態，明明忍耐已經到了極限，也覺得生活得好累，卻還是勉強自己不可以離婚，結果不但身體出了狀況，就連內心也變得愈來愈軟弱無力。

那天淑妙來到我的診間，問我佛家是用什麼樣的觀點來看待離婚這件事，她很害怕如果自己選擇離婚，下一世是不是還要再重修這一世的功課？

我告訴淑妙，我無法代替佛陀說話，也不清楚佛家是以什麼樣的觀點來看待離婚，佛典之中，應沒有明確的根據去解釋離婚是不是就等於沒有修好今世的功課，但我可以提供一些自己的觀點跟她分享。

人與人之間最重要的是結好緣、結善緣，讓能量的流動更順暢。夫妻之間，「無法容忍對方」或「覺得和他生活在一起很累」，往往是因爲對方有我們看不順眼或是不喜歡的地方，也可能是對方不符合我們原本的期待。所以我們要認清楚這是自己的問題，並不全然是對方的問題，在這樣的情況下，我們可以選擇離開這段關係，去尋找或重新建立自己想要的關係，而不是一味抱怨對方的不是或自己的無奈。

對方可能在行為或言語上有所過失，例如有暴力問題，或是出軌外遇等。但是一個巴掌拍不響，除了把對方犯錯的責任還給對方之外，我們也應該從這段關係中反思自己的行為、言語和意念，究竟是如何共振，才會導致對方產生那樣的行為、言語和意念。內心所發出的意念極為重要，當對方因為某些因素而發脾氣，例如今天在公司被老闆責罵，心裡累積了一堆怨氣無處發洩，等到回家後這股能量才發出來，這時可以選擇心平氣和地回應，同理另一半的痛苦，也可以選擇直接回嗆對罵，或是嘴上雖然閉而不談，但卻在心裡咒罵，或是不理不睬，任他去。無論是什麼樣的選擇，只有我們自己才有權利決定如何反應。大多數人面對別人的惡意時，習慣以牙還牙，或表面上隱忍下來，內心卻充滿怨恨及痛苦，這樣的回應方式，只會創造出更糟糕的結果。

因為長時間的隱忍，導致身體出狀況，往往是因為我們的心被卡住了，能量無法得到適當的宣洩，才會生病。一個人如果心不卡住，身體就不會卡住；相反地，如果心情經常都處於鬱卒狀態，久而久之，身體也不會健康。

一位禪師曾分享這樣的故事：一位修行者在河邊看到一隻蠍子落入水裡正在掙扎，他伸手把牠撈出來時，被蠍子豎起的毒刺螫了一下，於是放到岸上。過了一會兒，他看到蠍子又掉到水裡去了，所以又把牠救上來，當然，又被螫了一下。第三次，當他看到蠍子又落水時，先撿起一片落葉，用落葉把蠍子撈起來。旁邊的過路人說：「蠍子螫你，你幹嘛還救牠？」「蠍子螫人是蠍子的本性，而救人是我的本性。我的本性不會

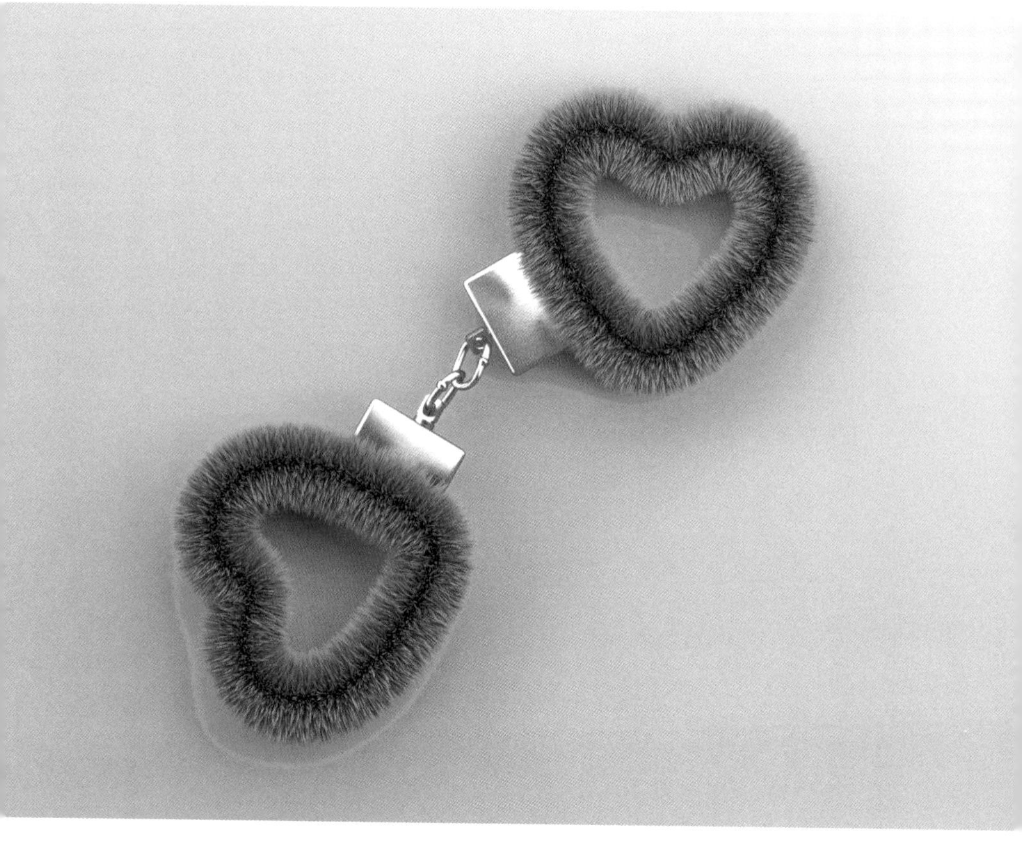

因為牠的本性而改變，但我會學習如何救人而不被傷害。」他說。如何讓自己原本良善美好的本質不受外界影響，學習用智慧處事，是我們可以努力成長的目標。

對於別人不當的言行舉止，我們選擇如何反應，是自己的修練和功課。在親密關係中，無論對方的行為、言語如何，我們都能透過不斷練習，用尊重、感恩、愛和同理心來善待他。這樣做當然很不容易，多數人累生累世都不斷在學習這些課題。即使兩人無法達成共識，未來想走的方向不一樣，或其中一方愛上了別人……就算到了分手的時候，也要彼此帶著祝福和愛，結善緣，得善果。如果對方還沒有準備好要分開，就要抱著同理心和耐心，好好地溝通。盡量給對方多一些時間準備，不要強硬威脅、逼迫、口出惡言，甚至暴力相待，否則只會和對方結下惡緣，未來還得繼續學習同一個課題。

練習題　對伴侶感到不滿時，怎麼說才好？

1. 態度溫和，避免以指責、批判、諷刺或貶低的言語、口氣說話，也不要用自我防衛的方式展開對話。

以下舉幾個對照組例子：

- 犀利的口吻：你整天就只知道打電動、玩手遊，你乾脆跟手機結婚好了！
- 溫和的口吻：我感覺很寂寞，很希望你能花點時間陪我散散步或聊天。
- 犀利的口吻：妳整天就窩在家裡追劇，真的很沒有出息，沒見過這麼懶散的女人，娶妳不知道有什麼用！

●溫和的口吻：我很希望回到家能看到家裡乾淨整齊，心情會好得多，讓我們一起整理家裡好嗎？

●犀利的口吻：妳就是好吃懶做所以才會愈來愈胖，看看妳的同事×××身材那麼好！人家哪像是生過孩子的人哪！

●溫和的口吻：親愛的老婆，每天忙著孩子和整理家務真的辛苦妳了，如果妳想要有放鬆和運動的時間，我願意幫忙帶孩子，或者我們可以請幫手來整理家務，這樣我們就有時間一起去運動或散步。

●犀利、諷刺的口吻：都你厲害、都你行，你決定好了，反正我說的都是屁話！

●溫和的口吻：我們對這件事情的看法有所不同，可否讓我們一起腦力激盪，看看是否有更好的解決方式呢？我願意尊重你的看法，是否也可以請你尊重我的看法呢？雖然我們看事情的方式不同，但這不會影響我對你的愛和尊重。找不到解決之道也沒有關係，我會尊重你有你的方式，也請你尊重我可以有我的方式，或許我們可以各自用自己的方式處理這件事。

2.建議用「我感覺」或「我希望」來表達自己的感受，讓對方知道你希望他可以怎麼做。

3.避免「人身攻擊」，用「『我們』可以一起怎麼做」替代「『你』應該如何做」的說法。每個人都希望伴侶能夠如實地接受自己，所以，表達時用「我」或「我們」，會比用「你」來得有效。

4.避免拿伴侶跟他人做比較，這是伴侶間溝通的大忌。

●比較型說法：「×××的老公薪水都會交給老婆處理，她老公真好，令人羨慕。」

●直接表達說法：「我希望能夠有更多的家用，或我希望能參與（或負責）我們的財務管理。」

●比較型說法：「×××的老婆非常溫柔體貼，每天都會幫她先生按摩。」

●直接表達說法：「親愛的老婆，我好想要被按摩一下。我很喜歡溫柔體貼的妳。」

●比較型說法：「你從不幫忙家事，都是我在做」、「家事都變成是我的事，你一個人閒閒在家沒事幹！」

●直接表達說法：「親愛的老公，可否請你幫我洗碗和倒垃圾呢？謝謝你。」希望對方做什麼要說清楚，不要太籠統，這樣對方才知道如何幫忙。

5.在溝通過程中要隨時注意自己的語氣、聲調、表情、情緒和心念。

6.經常留意自己是否用自我防禦或攻擊別人的角度溝通：需要道歉或溝通時，請不要加上「但書」，例如：「對不起，我情緒太激動了，但要不是你……我也不會……」

7.不斷抱怨／互相指責／找藉口：當伴侶抱怨某件事時，不要馬上強調都是對方自己造成的問題。例如：太太抱怨先生買了很貴的3C用品，其實家裡都快沒錢了。先生要是回應說：「妳花在買化妝品、保養品的錢才多吧！」或者說：「我的工作就是要用到啊，不然妳來賺錢好了！」這樣的回應方式帶著生氣、指責、貶抑對方的意味，很容易落入互相攻擊的對話模式。所以，只要針對當下的事件回應就好，例如先生不妨告訴太太：「是啊，這個3C用品的確很貴，但是因為工作上有需要，可以大幅提升工作效率，我自己也是考慮再三後好不容易才決定買下的。不過，相信這筆投資很快就能有所回收。」如果先生能用這樣的方式回應，太太自然比較容易體諒，就不會為此起爭執。當然，如果太太能夠從一開始就避免用抱怨的方式表達自己的不滿，而是用想了解的語氣詢問先生，也是避免後續爭執的方法。

不要踩對方的痛點

筱芸今晚下班一進家門，看到畢賢，就忍不住抱怨：「我老闆今天不知道哪根筋不對勁，對著全部門的同事大發飆，下班前聽他罵了整整五十分鐘，真是令人受不了！」

筱芸本以為畢賢會安慰自己，沒想到他居然冷冷地說：「妳要想想自己是不是沒有把事情做好，妳老闆才會這麼生氣，不要老是只會責怪別人！」聽到畢賢的話，本來就一肚子氣無處發洩的筱芸，更是火上加油，忍不住對著畢賢大吼：「你才是那個老是怪別人的人，每次自己的東西都不收好，亂丟亂扔，還怪別人把東西拿走。」

很多時候，當我們和另一半或家人互動時，一不小心就會踩到對方的痛點，就像地雷一樣，一觸即發，容易讓情緒蓋過理智，引發人類原始「戰與逃」反應。有時候這種本能反應甚至會讓人沒來由地抓狂，或是變得冷漠無情。每個人心中或多或少都有在意的痛點，有的人到處都是痛點，有的人可能只有一、兩個，而一個人的痛點，經常與原生家庭的關係或過去的親密經驗有關。如果我們沒有看清楚痛點的源頭究竟是什麼，就很容易一而再、再而三地複製在不同的親密關係或親子關係裡。

當一個孩子遭受挫折或委屈時，父母如果不給予安慰，反而去批評孩子的不對，甚至置之不理，很容易對孩子的內心造成傷害。或許父母認為這樣做能幫助孩子學習成長和獨立，卻忽略了這樣的經驗容易讓孩子感覺到自己被否定或被拋棄，日後可能會將同樣的模式複製在與伴侶的相處上。一旦孩子長大，遇到挫折或委屈時，這個內心黑洞又會被召喚再度出現，陷入莫名的「戰與逃」情緒化反應；或是當他們的伴侶經歷挫折和委屈時，無法同理對方，只會用責備或不理睬的方式來應對。

畢賢對筱芸所說的話，很可能是因為從小遇到困難時跟父母求助總是被訓斥所造成的，父母要求他看到自己做不好的地方，不能老是責怪別人；而當筱芸抱怨老闆罵人時，畢賢沒有同理心的反應很容易讓她更加沮喪憤怒，甚至忍不住反擊。一旦感到來自外在的壓力時，人很容易會落入戰與逃或原地僵住的反應，也就是要嘛攻擊回去，要嘛避開對方，用冷漠回應。但無論是哪一種回應模式，都會讓對方產生更大的負面反應，導致彼此的溝通落入惡性循環的模式。

「戰與逃」或僵住的模式是任何動物面對攻擊時會有的本能反應，因為面對敵人時最忌諱的就是示弱，更不能讓敵人知道自己的要害或弱點。但是，如果以這樣的模式來處理親密關係，不免會陷入敵對的狀態，長久下來，彼此可能不斷地互相傷害，也會讓心的裂痕愈來愈大。

為了避免陷入戰與逃的模式，我們要學習去看到和覺察自己或對方是否落入這個模式，一旦發現就要盡快跳脫，避免一再重複，造成兩敗俱傷。

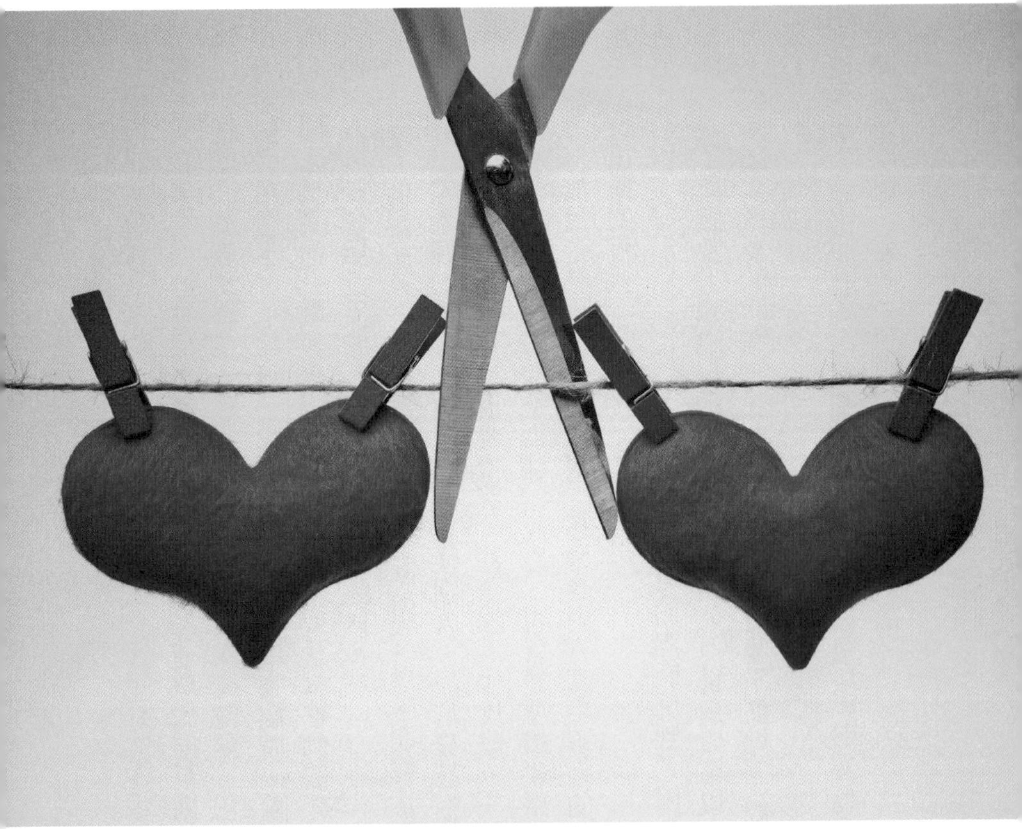

練習題 自我覺察容易被挑起的反應

引發我受傷的感覺是來自＿＿＿＿（反思自己過去是否有類似的經驗）？從對方的角度看起來，我的反應是＿＿＿＿（歇斯底里、生氣、憤怒、悲傷、不講道理……），但在我內心深處的感覺和情緒是（恐懼、哀傷、丟臉、自卑……），我內在的渴望（脆弱處）是＿＿＿＿（不被拋棄、不被嫌棄、被尊重、被疼愛……）。我可以如何真誠地跟對方表達自己內在的脆弱。

我們容易用憤怒或冷漠來隱藏內心的悲傷或脆弱，所以在伴侶呈現出憤怒、貶低或冷漠的反應時，當下會想要遠離這樣的情緒能量。但我們是否可以更深入地了解對方的痛苦，一旦當我們自己也產生這些負面情緒反應時，是否可以去反思自己為什麼會有這樣的反應呢？自己對伴侶有什麼樣的渴望和失望呢？自己真正想要的又是什麼呢？

透過自我覺察的練習，畢賢和筱芸的對話可以改寫如下：

筱芸：「今天老闆不知道哪根筋不對，竟然大發飆，罵了整整五十多分鐘！」

先生（反應一——可以協助太太釐清事實和傾聽，切記這時候不是給太太建議的最好時刻，她的情緒需要先有發洩的管道）：「發生什麼事了？」

先生（反應二——可以直接同理太太的心情，給予她所需要的支持）：「他怎麼這麼不講道理？妳一定感到很委屈（很氣憤）吧！來，老公抱抱心愛老婆。」

反應三——先生如果不知道如何反應，可以直接問太太：「我可以怎麼做才會讓妳感覺好一些呢？」

這些做法都會讓太太感受到被愛和被支持，也會讓彼此的感情增溫。

如果先生很不幸地沒有意識到他的負面反應，那太太可以選擇轉變回應方式，不要繼續情緒化的戲碼。以下提供幾種不同的選擇：

反應一：主動提出自己的需求

筱芸：「老公，我今天在公司被罵了好久，真的很難受、很委屈，我希望你抱抱我好嗎？」或是「我只想要有個人靜靜地聽我說幾句話就好了，不需要給我建議，等情緒過了就好了。你可以聽我說說話嗎？」

反應二：先迴避，處理自己的情緒

筱芸：「老公，我現在情緒太多了，我想自己先冷靜一下。」當自己有太多情緒時，最好的方式是先處理情緒再進行對話，以免說出傷人傷己的話。

反應三：表達自己當下的情緒

筱芸：「我知道你是希望我好，但聽到你這樣說的時候，我覺得沒有被支持，而是被指責和批評，這讓我很難受。」

如果伴侶之間產生爭吵，至少要有一個人先跳離戰與逃的反應模式，願意去支持和包容對方的情緒，如果能做到這樣的話，很快就可以脫離負面的互動模式。願所有的伴侶和家人都能用心相待，以愛相守！

吵架如何才能和解？

克禮一向脾氣很差，昨天晚餐時，因為太太純華做的一道菜有點太鹹，就忍不住對她大發雷霆，還把她狠狠地訓了一頓，說自己都已經講過那麼多次了，還是改不掉煮菜重口味的習慣，甚至質問她到底在不在乎家人的健康。

純華在廚房裡忙進忙出，好不容易端出了一餐飯，正想坐下來跟先生好好吃頓晚餐，被克禮念了一頓之後，整個人食慾全無。純華覺得先生未免太小題大作了，一點都不體恤自己做飯的辛苦，心裡很委屈，所以整晚都不想搭理他。發完脾氣的克禮自知理虧，想說先跟太太低頭，讓家裡氣氛不要那麼僵，但是卻適得其反。

克禮是這樣說的：「對不起啦，妳又不是不知道我不喜歡吃太鹹，煮得那麼鹹，我怎麼吃得下去呢？」

聽了他的道歉，純華很不開心，所以隔天早餐也不準備了，要克禮自己想辦法解決。

如果克禮可以這麼說：「親愛的太太，真的很抱歉，剛剛不應該對妳發那麼大的脾氣，妳一定感到難過又委屈。妳辛辛苦苦地煮飯給我吃，還要被我念，我真的很不應該，都是我不好。做菜本來口味拿捏就不容易，只有一道菜稍微鹹了一點，其他的菜都很合我的口味，我實在不該生氣。很感謝妳每天用心煮美味的晚餐給我吃，我真的很幸福。我的脾氣太差，白天工作壓力很大，今天還被老闆警告了一下，所以心情很不好，但是不管再怎麼樣，我也不應該把怨氣發洩在我親愛的老婆身上。我等等可以幫老婆按摩一下，讓老婆放鬆一下嗎？我會努力改掉我的壞脾氣，請老婆原諒我好嗎？」聽了這樣的話，想必會讓純華感覺好多了，夫妻倆也不會再冷戰下去。

練習題　和解九部曲

1.先處理好自己的情緒，情緒平穩了，才能開始心平氣和地對話。處理情緒的方式在本書多處都有提及（例如釋放怒氣的方法、頭部氣血上升法等）。也可以把注意力放到自己的呼吸，慢慢地深呼吸，只要不追隨著情緒起舞，一般不到九十秒就會平靜下來了。

2.誠心地認錯／懺悔：願意認錯的心態是最重要的，心態不對，接下來的道歉就無法繼續，所以首先要誠心誠意地告訴對方：「我錯了，很對不起你。」或者「我對你感到很愧疚、很過意不去。」很多人不習慣認錯，認為認錯就是示弱，但認錯才是真愛，我選擇愛自己、也愛對方。而且EQ好的人會比較有彈性、看事情的眼光比較寬廣，所以EQ好的人比較不會堅持己見，我們可以選擇當個EQ好的人。更何況，當我們爭執不休時，兩方的身心都會受到重創，得不償失啊！

3.同理對方的感受：要讓對方知道我們已經明白自己的行為造成對方的傷害、困

擾、不幸……如果能夠說出對方的感受，那就更好了。

4.承擔責任：說明錯在自己，而且要清楚自己錯在哪裡，不去牽拖其他人或其他事，更不應該反過來怪罪對方。

5.彌補對方：因為自己犯的錯讓對方不好受，甚至造成對方的傷害和損失，所以要很有誠意地彌補，例如克禮提議為純華按摩抒壓。

6.反思自己為什麼會有這樣的行為，想辦法克服和改善：如果嘴巴上道了歉，卻一而再、再而三地犯錯，那只會讓人覺得一點誠意都沒有。人很容易去檢討別人的問題，看不到自己錯在哪裡，我們無法改變別人，只能改變自己，好好反省自己，才能避免日後重蹈覆轍。

7.往內看自己內心深處的真實感受，願意面對自己的脆弱，甚至跟伴侶分享脆弱之處：**很多憤怒情緒的背後其實是恐懼和害怕，恐懼生病、恐懼伴侶不在乎我們、害怕不被愛或被拋棄……**

8.懇求對方的原諒：當對方願意開口表達原諒的時候，他的心會跟著言語產生變化，才能夠化解雙方的不悅和衝突。

9.觀察對方的回應和情緒：如果對方遲遲無法原諒，不妨請問對方，自己應該如何做、做什麼，才能讓他感到舒服，不再耿耿於懷。

人生在世，誰都難免會犯錯，有些人因為小時候一犯錯就會被家長嚴厲糾正懲處，所以會很害怕犯錯和認錯。一旦發現自己犯了錯，一心只想逃避和否認，沒有勇氣承認錯誤。所以當自己或伴侶很難認錯時，也要予以同理，幫助自己和對方慢慢走出小時候的創傷。人不可能一輩子都不犯錯，只有懂得虛心認錯和道歉，人際關係才能更友好；一旦結了婚，家庭也才會幸福和樂。

分手宣言

一直以來，仲棠常和女友在臉書放閃曬恩愛，所以親朋好友都以為他們交往多年，走入婚姻是遲早的事。沒想到計畫趕不上變化，仲棠的女友上個月突然無預警地向他提出分手，仲棠也覺得這段感情走到現在，早就沒有了火花，兩人之間有著一大堆無法解決、難以取得共識的問題。既然女友選擇離開，這或許是對雙方來說都好的決定，不如和平分手，各自去追尋往後的幸福人生。

但是，下個月就是農曆新年了，仲棠一想到要回家過年，就覺得壓力好大。他知道爸媽和一堆親戚、長輩一定會旁敲側擊地關心，想知道仲棠究竟什麼時候要將女友娶回家？畢竟仲棠年紀也不小了，又是家中唯一還沒結婚的孩子，爸媽都很希望他可以早點結婚生子，了卻為人父母的一樁心事。

很多人都討厭回家過年，覺得每次過年都像玩闖關遊戲一樣，有回答不完的親友團問題，而且大多數的問題都差不多，一再重複，沒完沒了。單身者經常被問到喜歡什麼樣的對象，還被曉以大義：「年紀不小了，不要太挑！」對於有對象的人，則是頻頻追問：「你們何時步入結婚禮堂？」或是提醒他時候到了，結婚是一定要的，不如早點結一結算了！至於結了婚還沒生小孩的夫妻，也會被殷殷關切：「什麼時候生孩子？」耳提面命地告誡，傳宗接代是人生大事，一定要養兒防老，並且強調高齡生子對母子都不好，父老子幼，養小孩真的很累；如果是已經擁有一對寶貝的夫妻，難免要面對「什麼時候生下一胎」的問題……總之，過年期間，就是親友團出動、議論紛紛的時候，經常帶給當事人極大的壓力。

仲棠也面臨了同樣的情況。如果是面對很親近的家人，例如父母或是兄弟姊妹，我的建議是據實以告，可以跟他們說：「我和女友之間有些無法解決的課題，與其結婚後吵到離婚，不如現在協議分手。我們彼此都覺得需要冷靜下來好好想想，也請家人祝福和支持我的決定。」如果家人硬要提供意見，可以先謝謝他們的關心，但是語氣堅定地說：「請你們給予我祝福和支持，也請讓我為自己的生命做決定，我願意為自己負責，畢竟無論你們如何愛我，也無法代替我跟對方相處或結婚啊！」

面對分手，真正讓人困擾的，往往不是他人提出種種令人尷尬的問題，而是自己如何面對分手的傷痛。假設傷口還沒痊癒，自然會害怕被碰觸，這時最重要的應該是先直視傷口，好好地撫慰它，當傷口復原結痂了，就不怕別人再有意無意地提及自己的傷心事。

練習題

分手後，如何面對親友的關心？

若是關心詢問的不是身邊最親近的家人，不如笑笑帶過，轉換話題。通常一般人應該不會那麼不識相地窮追猛打，萬一真的遇到打破砂鍋問到底的親友，不妨直接告訴他們：「我們還在考慮是否繼續交往。」或是乾脆回答：「我們剛剛分手了，謝謝你的關心，但我不想再談論這個話題。」直接阻止對方再追問下去。

前述的答案，不只適用於像仲棠跟女友分手的狀況，類似離婚、分居等情況，一旦被親友追問時，其實也可以如此回答。

如何避免情殺——分手的智慧

這些年陸續發生不少情殺的社會事件，讓人看了既震驚又難過。很多情殺案的行兇動機是因為一方想要分手，但另一方不願意或心有不甘，所以採取了激烈手段而釀下大禍，甚至造成天人永隔的悲劇。在此我想談談如何提出分手，以及如果被分手的一方情緒激動時要如何處理，才能讓自己全身而退。

根據現代婦女基金會調查，在暴力與情殺原因之中，有高達百分之六十五是「對方提出分手」造成的，倘若對方曾經有過被拋棄或被劈腿的創傷，一直未能修復，就很容易對於愛情抱持著不安全感或自卑感。在這樣的情況下，可能會因為害怕再度「被分手」，而採取想要強烈控制對方的手段。由於激烈的情緒反應往往是來自無法接受被拒絕、被拋棄、被背叛的痛苦感，所以，提出分手時千萬不要讓對方有負面感受，切忌態度高傲、睥睨，用諷刺或強烈的語氣批評對方的不是。先感謝對方的付出，認可他曾經對自己的好，並且強調是自己的問題；絕對不能把問題和責任推到對方身上，此外態度務必真誠，同時帶著尊重和歉意。以下針對幾個可能的狀況提出建議：

1.如果對方的經濟狀況不好，可以說：「我的家庭需要我的幫助，奉養和照顧父母

將是我無法逃避的巨大負擔。」或是說：「我的花費需求很大，又很愛買東西，實在無法克制自己的消費習慣，所以我想要專注於工作，賺取更多的錢，短時間內不想要、也沒心思再談感情了。」千萬不要批評對方錢賺得太少或是沒有錢，才會無法讓自己過好日子。畢竟想過好日子也可以靠自己賺錢辦到，並不一定要依賴伴侶，所以問題的確是出在自己身上。

2.如果覺得對方脾氣不好，兩人經常吵架，可以說：「我的脾氣實在不好，所以我想找個願意什麼都聽我的話、不會跟我吵架的人。我近來有憂鬱、焦慮、恐慌的問題，而且愈來愈嚴重，我需要一個人安靜獨處的時間。」如果兩人常常吵架，一定是雙方不懂得如何溝通，才會用爭吵的方式來表達意見，所以要扛起自己的責任，不要只是責怪對方。

3.如果覺得對方不體貼或彼此沒有共同的人生目標，可以說：「很抱歉，我知道自己不好，我有公主病，需要一個願意聽話和樂意服務我的伴侶，他最好事事順從我想要做的事情。」同樣地，不要去責怪對方不體貼或不努力，畢竟體貼與否的標準，都是自己訂的，所以終究還是自己的問題。

4.如果覺得對方的家庭不好、家人的控制慾太強時，可以說：「我真的被父母寵壞了，從小都是別人聽從我的意見，所以我實在無法配合別人。很抱歉，我無法成為一個聽話的好媳婦。」

總而言之，提出分手時，一定要扛起自己的責任，畢竟不滿是來自於自己的期待，並不能視為別人的責任。當然對方一定也有不是的地方，此時不要用責怪或批評的方式來溝通，才不會引起對方的怒火和怨恨。

以上任何一種說辭，大概都會讓對方有打退堂鼓的念頭，但如果對方還不死心，堅持自己願意改變和配合的話，就約法三章，以幾個月時間為限，看看他是否真的可以做到所承諾的凡事配合、事事順從、不吵架、不發脾氣、體貼、以我們為中心、孝順我們的父母、扮演我們心目中完美情人的角色，並且說好一旦違反了這些條件，就要甘願放手，讓彼此自由。基本上，一般人很難忍耐那麼久的時間，往往過不了太久，就會宣告放棄。這也是給對方一段緩衝時間，不會因為快速斬斷關係而感到措手不及，或是因一時情緒激動，做出不理智的行為。

此外，和對方約好見面談判的時候，一定要有人作伴同行。出發時務必要讓家人朋友知道自己去哪裡、大概需要多少時間，絕對不要約在人煙稀少的地方。一旦對方出現強烈情緒反應時，必須先同理對方的情緒，可以告訴他：「我們兩人現在都很生氣、傷心，這樣很容易說出讓彼此都很痛心的話，或是做出讓彼此後悔的事情，所以讓我們出去透透氣、冷靜下來後再談好嗎？」

當對方情緒激動的時候，一定要想辦法到人多的地方才安全，此時對方也比較容易冷靜下來。如果看到對方情緒激動，還用生氣的方式去回應，甚至開口對罵，那就等於火上加油，容易失去理智和同理心。要是我們因為害怕而退縮逃避，不理會對方，或只是傷心哭泣，也可能會引發對方憤怒、內疚、被漠視、覺得被瞧不起等情緒反應，結果可能會更加激動。

對話時記得要用「我們」，而不要用「你」或「我」，這樣才不會讓對方覺得自己被指責或排擠。最好說：「『我們』都很生氣，而不是『你』很生氣；讓『我們一起出去透透氣』，而不是『我要出去透透氣』。」如果讓對方感覺到自己被丟下或被拋棄時，往往會更加惱怒，甚至不顧一切地阻止我們離開。

懂得處理情緒、真誠溝通，才不至於讓自己或他人落入險境。人在激動的時候，大腦的理智功能會暫時關閉，回歸動物戰、逃或僵住的本能反應，而這樣的反應容易造成兩敗俱傷，甚至做出讓人遺憾終生的後悔行為。

就算提分手，也一定要帶著感恩、尊重、愛和祝福的態度和對方溝通，才能夠和平地劃下句點，彼此往各自的方向繼續前進。

練習題 面對衝突時，如何自我保護？

當雙方出現衝突時，首先一定要想辦法停止戰火，雖然這樣做很不容易，卻是當下最要緊的事。別一味地想要扭轉對方的想法，讓對方知道他錯得有多厲害。在強大的情緒壓力下，無論是對方或是我們自己，都很難好好溝通，因為在衝突發生的時候，人的理智腦會被壓抑下來，由動物腦（原始腦）取代，進入典型的「戰與逃」模式，受到情緒所主導，難以做出理性判斷。

1.先讓自己回到中心，想辦法抽離「戰與逃」的模式。可以將雙手放在胸前，深呼吸幾次，然後做「闢任督二脈」及「2、6脈輪連結」（影片連結請見第一五九頁）三種能量運動，接著默念：「我在這裡，我在現在，我可以選擇跟伴侶連結而不是對立。」讓自己專注於呼吸，試著放鬆腹部，打開我們的心。

切記在衝突的當下，要讓正向的互動遠大於負向的互動。研究顯示，正向與負向的互動比例至少要維持在5：1以上，彼此的關係才能穩固。至於如何避免讓負面情緒不斷惡化，根據心理學家哥德曼的長期伴侶研究發現，其實生氣並不會造成負面情緒不斷惡化，導致情緒惡化的原因包括：批評、指責、攻擊、自我防禦、傲慢、輕視，以及冷漠。當我們用尖銳的言語去批評或指責對方時，就容易引起對方採取自我防禦機制來反擊，或是冷漠以待。

所以，衝突的時候記得先用上述的方法把自己的內心狀態處理好。

2.試著用幽默感、撒嬌、溫柔凝視、支持和同理的溝通方式，來降低負向互動的情況。不妨在兩人都心平氣和的時候先跟伴侶約法三章，日後若發生衝突時，雙方可以用什麼方式互相提醒「情感和愛才最重要」，如此一來就算生對方的氣，也不會忽略了「愛」和「支持」彼此。

此外，也可以詢問對方，一旦吵架時自己可以做什麼，讓對方不會繼續生氣或情緒卡住。每個人抒解情緒的方式不一樣，所以了解另一半很重要。

3.邀請對方一起NG重來：人生劇本是自己寫的，在每個當下，我們可以選擇繼續

惡劣吵下去，也可以選擇重來一次，把這個劇本改寫得比較美好。

4.當一方釋出善意以及試圖求和的心意，另一方一定要有正向的回應。很多時候，當一方企圖釋出和好的訊息，另一方卻不知道把握機會，讓兩人都有台階可下，反而變本加厲地指責，或持續賭氣、冷漠以待，結果錯失言歸於好的良機，實在很可惜。有些人容易使性子，甚至有所謂的「公主病」，在對方主動表示善意時，還是繼續謾罵、抱怨，非得等到對方放低姿態求饒，或再三道歉安撫，才願意善罷甘休。這樣的方式在熱戀期或許行得通，但時間久了、次數多了，總是居於下風的一方很容易就倦怠了，跟著回罵，或是冷處理。這也是很多交往一段時間或結婚後的伴侶，覺得自己好像失戀的原因。

5.仔細檢視自己是否言語太過犀利，或自我防禦性過強。倘若發現自己的言語不當，要懂得誠懇地道歉。

那些從小就在經常被責罵的環境中長大、動輒被體罰的孩子，因爲害怕被責難，爲了自我保護，常有過度強烈的我自防禦反應，一旦認爲別人在攻擊或責備自己，就把自己武裝起來，變得封閉，難以溝通。透過不斷反思和觀照自己的心，才能從被過去經驗制約的模式中脫困，不會一再重蹈覆轍。很多人卡在一段已經變質的關係裡走不出來，既不知如何改善現狀或是做出改變，也無法抽身。當彼此的衝突愈來愈多，心早已經遠離時，千萬不要停留在惡性循環裡。當一段關係走到了盡頭，要懂得適時放手，就像買賣股票一樣，在必要時最好認賠殺出，不然只會像沉迷賭博的賭徒一樣，因為不甘願、不甘心，所以一賭再賭，結果只會愈賠愈多，最後白白葬送自己的一生。

雖然感情不像買賣股票那麼簡單，想買想買、說賣就賣，但是如果你已經盡了全力，還是無法結好緣，只是不斷地加深惡緣、頻出惡口，或是對方早就不珍惜這段感情，移情別戀，甚至動輒打罵，做出傷害你的言行，那就要懂得珍愛自己，學會放下。你可以反思在這段關係裡，自己有什麼可以改善和調整之處，如何能夠做得更好、更有智慧。感情不應輕言放棄，但也不能夠勉強，執著更不是面對感情的唯一方式；所謂「退一步海闊天空」，把過去的經驗當作一種寶貴的學習，用理智和智慧來處理，才能開創更幸福的人生。

關任督二脈

2、6脈輪連結

・關任督二脈：https://youtu.be/wmdzJ2ZmnLo
・2、6脈輪連結：https://youtu.be/bo9ZWTnSb1E

心裡有負面念頭，別人也能感受到

樑任是家裡的老么，前幾年媽媽因為年紀大了、失智，住進安養中心；但是，安養中心的所有開銷，哥哥姊姊都不作聲，由他一肩扛起。太太愷寧知道樑任孝順，只能默默支持他，一起照顧婆婆。幾次婆婆因病住院，哥哥、嫂嫂、大姑、小姑總是有一堆藉口，只拿出幾千元意思一下，其他的醫療費和住院費統統丟給樑任夫妻負責。大家既不願意出錢，也不願意出力，從來不過問需不需要輪流到醫院看護，好像照顧婆婆是他們夫妻兩人的責任，跟其他人沒關係，這讓愷寧覺得很不開心。更讓愷寧生氣的是哥哥姊姊不出錢、不出力，卻又意見一大堆，經常在背地裡跟親戚朋友嚼舌根，說他們夫妻的壞話。這些是非話輾轉傳到愷寧耳裡，讓她愈聽愈惱火，覺得欺人太甚，也對人性感到非常失望。

雖然如此，愷寧從來沒有當面跟他們抱怨過，只是把怒氣放在心裡，以為這樣可以維持表面的和平。但當愷寧來到我的診間，跟我訴說自己的問題時，我請她反思自己是不是常常有意無意地跟其他人抱怨婆家親友的不是？愷寧這下才發現自己的問題所在。

如果有人在背後說我們的是非，那麼一定要檢視自己是不是丟出「論人是非」的能量？業力（吸引力）法則很清楚地指出，如果一個人沒有發出某種能量，就不會收到那樣的能量。

事實上，能量的發生未必要說出口，只要念頭一出現，即使只是在心中暗想，也一樣會產生作用。所以要小心留意自己是不是經常在心裡批判別人的言行舉止，包括不屑、鄙視、恥笑、批評、咒罵……只要有這樣的心念，就等於釋放出負面的能量，不僅影響到自己和他人，日後終究還是會再回到自己身上。

伴侶之間的關係也是一樣，如果覺得心裡不痛快，時不時向別人吐苦水，卻不跟伴侶好好溝通、表達內心的不滿，不但無法解決問題，還會讓兩人的關係更緊張，招致更多抱怨的能量。因此當我們感到心中不愉快時，要好好覺察它的存在，容許自己與這樣的感受和平共處，任其來去自如就好。因爲感受就只是感受，沒有任何眞實性，加上它會不斷變化，所以無須加以抗拒。

人和人之間有著不同的因緣，無論是情侶、夫妻或是親朋好友，其實都有不同的因緣，我們能做的是去尊重每個人表達意見的自由，但要如何選擇，決定權還是在自己手上，每個人只要負責管好自己的思想、言語和行為就夠了。

我們無法改變別人要說什麼或做什麼，但是要記住，這個世間有因才有果，得到「果」的時候，要去追溯「因」來自哪裡；如果不想要這樣的結果，就要去改變根本的原因，否則就會一直陷在委屈、不舒服的能量裡，感到痛苦又無法自拔。

練習題 找出生氣的源頭

人會生氣，常常是來自期待落空，也就是別人沒能符合我們的期待或要求，使得腦海裡不斷冒出各式各樣想法。例如：「先生怎麼可以只顧著滑手機不幫忙家務事、管孩子，他就是自私，不管我的死活。我累得要死他卻視若無睹，根本不愛我！」類似這樣的小聲音／小劇場在內心上演，結果愈想愈氣、愈覺得對方可惡可恨，不斷放任這樣的心念出現，直到情緒失控爆炸為止。

我們要學習找出生氣的真正源頭，也就是去覺察自己對他人有什麼期待或要求。找到原因之後，還要觀察內心所不斷升起的念頭，才有可能轉念，停止被這些念頭牽動情緒。至於如何自我覺察或看到內心的小劇場，最有效的方式就是透過靜心、禪修、內觀或是正念，幫助自己在念頭一升起時，就能馬上覺察，不會被它牽著走，否則很容易產生各式各樣的想像，陷入生氣憤怒的情緒漩渦之中。

婆媳問題的因應之道

婆媳相處是一門學問，如果相處得好，婆婆可以是婚姻衝突中的調解人，教導兒子如何懂得愛和尊重妻子；如果無法和睦相處，甚至互相爭寵，再好的夫妻感情都可能因此受到影響，產生隔閡，所以處理好婆媳問題絕對是伴侶關係中很重要的一環。

婆媳問題案例一：

芷雲和婆婆同住，婆婆十分寵愛孩子，但芷雲自恃是高知識分子，對於婆婆的教養方式總覺得落伍又過時，十分不以為然。像是婆婆為了討好孫子，常常買零食給他吃，但芷雲一向反對孩子吃零食，覺得那些都是垃圾食物，沒營養又不健康。

雖然芷雲對婆婆的行為不滿，卻敢怒不敢言，只能私下向親友抱怨。有幾次她小心翼翼地提醒婆婆別給孩子吃零食，但是婆婆依然我行我素。現在芷雲每次看到孩子在吃零食，就忍不住有一把無名火從心裡冒出來。

除了幫忙芷雲處理情緒能量，我也建議她調整和婆婆相處的方式。與其生婆婆的悶氣或指責她的不是，不如試著跟婆婆分享健康資訊，一起去買菜，選購健康的零食。

如果可以的話，一起參加健康課程、聆聽健康講座，吸收更多新的資訊，讓婆媳共同成長，兩人的生活步調和想法才會愈來愈接近。要知道，偶爾讓孩子享受可口的零食並不是什麼罪大惡極的事，反而是內心持續擴大的不滿和憤怒能量可能帶來更大的傷害。

此外，我還建議芷雲要製造機會，讓孩子喜歡跟婆婆在一起。婆婆之所以想買零食給孫子，很多時候是為了討孫子歡心，希望他能夠喜歡和自己親近。如果孫子很喜歡阿嬤，那麼婆婆就不必為了討孫子歡心，一直買零食給孫子吃了。

溝通需要感恩、尊重和愛，如果帶有強迫、批判、教訓或指責的意味，像是「我比你厲害、聰明」、「我懂得比較多、你太落伍了！」、「你不懂啦！」這樣負面的溝通方式，終究無法達成效果。如果媳婦可以尊重婆婆跟孩子的相處模式，就不會有衝突或不愉快產生。

有人會說：「我們的理念不合，所以無法相處。」事實上，理念不合從來不是問題，如果能夠彼此尊重，不抱持想要對方做出符合自己期待的回應，還是可以和平共處。

婆媳問題案例二：

欣欣和萬慶交往多年，兩人已論及婚嫁。萬慶是獨子，跟父母感情很好，尤其是媽媽對他更是疼愛有加。不過萬慶媽媽的控制慾極強，遇到週末假日，就希望兒子待在家裡陪伴兩老，或是開車載他們出去走走。如果欣欣跟萬慶想要單獨外出約會，得找藉口才出得了門，否則被萬慶媽媽知道的話，就會生氣擺臭臉。

一直以來，萬慶和爸爸凡事都得順著媽媽，並且忍耐地承受她的情緒多變化。有幾次萬慶和欣欣帶兩老出門走走，欣欣留意到只要焦點不是放在萬慶媽媽身上，她就會以「身體不舒服」為藉口，堅持一個人留在車子上休息，除非萬慶極力安撫，好言相勸，才勉為其難地下車，真的讓人覺得很無力。

前些日子萬慶終於受不了媽媽的強勢作風，跟她大吵一架。剛好欣欣也在場，於是萬慶媽媽歇斯底里地拉著欣欣，要她聽聽萬慶說的是什麼話，彷彿一切都是欣欣的錯，萬慶才會忤逆媽媽。欣欣被萬慶媽媽失控的言行給惹惱了，也不客氣地跟她嗆聲：「有妳這樣的媽媽，我看萬慶一輩子都娶不到老婆！」而當萬慶跟媽媽說假日想跟女友過過兩人世界時，萬慶媽媽簡直氣瘋了！她認為兒子是自己拉拔三十幾年長大的孩子，再怎麼樣也不可能輸給才交往幾年的女友，放假時間當然要回家，就算沒什麼事要幫忙，陪伴父母也是應該的。

萬慶媽媽說自己是長輩，欣欣和萬慶本來就該言聽計從，為了讓萬慶心生愧疚，使出了「情緒勒索」的手段，說要死在家裡，讓房子變凶宅。其實欣欣只是想要爭取多一點和萬慶獨處的時間，對她來說，一個月一天並不為過。

吵完架之後，欣欣難受得哭了，不知道怎麼辦才好。雖然萬慶不斷安慰她，心裡卻覺得欣欣的反應有點出乎意料。他覺得欣欣不該攪和進去，最後為了讓事情早點落幕，要求欣欣能主動和自己的母親道歉，欣欣滿腹委屈，還是照做了。萬慶媽媽當場也平心靜氣地接受，沒想到隔沒幾天，又跑去跟親戚告狀，還要親戚轉告欣欣，說她因為心情不好，身體也跟著變差，求欣欣不要再去萬慶家了。

一個人的個性、習慣和想法是日積月累的，很難改變。如果婚前已經出現許多價值觀或行事上的差異，千萬不要期待結婚之後，這些隔閡就會自然消弭。以萬慶的例子來看，身為獨子的他受到父母的期待與親情綑綁，是很難脫離家人的羽翼的。尤其萬慶的父母有養兒防老的觀念，認定兒子就應該完全聽命於父母。除非他能夠學習獨立，把父母的期待和責任還給父母，心裡尊重和感恩媽媽卻不受她的情緒控制，活出自己想要活的樣子，否則婚後類似的問題只會不斷發生。如果欣欣無法接受萬慶父母的要求，試圖溝通也無濟於事的話，或許要考慮放生這段感情；否則勉強結了婚，日後要面對的問題只會更多、更複雜，也更難處理。

如果公公婆婆的感情很差，特別是公公出軌、家暴；先生年紀還小時，公公就因離婚而離開家；或是公公早逝，婆婆和先生相依為命，感情格外深厚，母親很容易將兒子視為情感替代品，兒子也會對母親特別感恩和順從。這時，從婆婆的角度來看，媳婦是介入她和兒子親密關係的第三者，而潛意識中以「正宮」自居的婆婆，自然會對媳婦心生排斥。要是婆婆修養好，也許還能勉強接納媳婦，但大多數獨立扶養兒子長大的婆婆，很難發自內心認同，並且善待媳婦。畢竟兒子結婚之後，跟母親的相處時間變少了，親密感也減少了，跟媳婦較為親密，婆婆心裡上難免會感到傷心和難受。

雪上加霜的是，媳婦往往也會感受到婆婆跟自己的先生之間無可取代的親密情

感，不免會有比較計較的心態，這也是「如果我和你媽媽同時掉到水裡，你會先救誰？」或是「你到底要你媽媽還是要我？」這類大哉問不斷在夫妻之間上演的原因。有些媳婦為了安撫婆婆，會採取百般討好的策略，卻經常徒勞無功，畢竟元配和小三之間有競爭關係，兩者往往很難和平相處。

最可憐的是夾在婆媳中間的男人，我看過幾個這樣的例子：先生如果想著幫太太說話，就會讓媽媽傷心難過；要是幫媽媽多作解釋，只會惹得太太生氣，左右為難；有些人身為夾心餅乾太痛苦，因此生重病、罹患癌症等。

事實上，處在不和諧的三角關係中，每個人都會過得很辛苦，以下就不同角色關係，提出一些建議：

給兒子／先生的建議：

試著不要成為母親的依靠，特別是情感上的依靠，鼓勵她去拓展自己的朋友圈，甚至找尋生活的伴侶。平常要有技巧地讓母親知道媳婦很孝順，自己為她所做的每件事，背後都有媳婦的支持，甚至可以用太太的名義去幫母親做些什麼，無形之中，自然就會降低對媳婦的敵意。

當母親跟兒子抱怨太太的不是時，做兒子的千萬不要跟著批評，但也無須反駁母親的想法或意見，只要用同理的方式告訴她：「我知道您有傷心、生氣的感受，覺得媳婦……不懂得照顧我，但我和太太都很愛您，也很敬重您，我們會努力學習做到……也

會去嘗試……我已經長大了，也得要學習獨立和照顧自己的家人，請媽媽祝福我們！」

給媳婦／太太的建議：

首先要學習體會婆婆的感受，畢竟她跟兒子的關係更長久也更深。婆婆跟先生多年來相互扶持，現在兒子有了「新歡」，婆婆很可能有即將失去被愛的恐懼，或是產生被拋棄的無助感。尤其如果公公當年曾經有過外遇，甚至導致離婚，更容易勾起婆婆被拋棄的痛苦心情。在這種處境下，媳婦的確難為，千萬不要天真地期待婆婆能夠如同對待兒子一樣地對待自己，畢竟媳婦不是婆婆所生，沒有一起走過苦日子所累積的革命情感，也沒有刻骨銘心的共同回憶。

只要沒有抱持太多期待，就不會感到失望。身為媳婦盡力就好，無須強求，別一心想著跟婆婆爭奪先生的愛，切記自己是晚輩，要盡量孝敬婆婆。孝敬並非一味討好或逆來順受，而是發自內心的尊重和敬愛。如果媳婦老是懷著要跟婆婆搶奪先生的心態，那就驗證了婆婆說不出口的憂心，坐實了「小三」的位置。只要媳婦懂得敬重婆婆，讓婆婆坐回母親／婆婆的位置，媳婦自然也就能坐穩媳婦的位置。

給婆婆／媽媽的建議：

在華人傳統社會中有所謂「三從四德」的觀念，彷彿女人一輩子必須依賴男人才能活下去。時代在改變，現代女性和男性同樣有接受基本教育的機會，以及自力更生的能力，因此身為女性，心態也要跟著改變。首先我們要跳脫重男輕女、男尊女卑的觀念，學習獨立自主，凡事自己處理。無論是否單身，都應該擁有自己的朋友圈，並且培養個人興趣，讓日子過得充實快樂。

華人的家庭觀念和西方世界不同，很多人婚後還是會跟公婆同住，所以婆媳問題自古以來從沒消停過。現今社會，小家庭逐漸取代大家庭，婚後跟父母同住的情況愈來愈少，身為父母的也要學習適應，不能讓孩子長大了還是依賴父母，當個媽寶，所以當他們建立自己的家庭之後，最好不要過度介入。做母親的也要學習放手，如果因為討厭媳婦，而讓兒子夾在中間，可能讓他左右為難，日子過得痛苦萬分。如果婆媳都能站在對的位置上，扮演自己所屬的角色，才能夠創造和樂融融的家庭，享受幸福美滿的生活。

發現先生外遇怎麼辦？

那天瑩瑩趁先生鎮國不留意，偷看了他手機裡的ＬＩＮＥ訊息，赫然發現鎮國跟一個女同事已經在一起兩年多，當下腦子一片空白，整個人愣在那裡，說不出話，也動彈不得……看完鎮國跟對方一長串男歡女愛的對話，她才強忍住眼淚，偷偷地把所有內容備份起來。但是她還不知道自己下一步該怎麼做，所以暫時沒打算跟鎮國攤牌。

瑩瑩從十七歲認識鎮國，兩人戀愛沒多久就踏上結婚禮堂，婚後瑩瑩專心照顧家庭，家裡的經濟都仰賴鎮國。瑩瑩知道鎮國養家很辛苦，雖然他們沒生孩子，但她盡心盡力地侍奉公婆，把家裡打點得井井有條，為的就是讓鎮國可以放心地在外面打拚。這幾年鎮國的生意大有起色，也賺了不少錢，但夫妻倆三天兩頭就吵架；即使如此，瑩瑩還是很喜歡鎮國，從來就沒想過他會這樣對待自己，一想到鎮國居然已經金屋藏嬌兩年多，就覺得自己的世界快要崩塌了。

鎮國喜歡跟其他女生聊天、傳訊息，夫妻倆經常為了這件事起衝突。瑩瑩之前查過他的手機，發現他很會跟女同事搞曖昧，不是照三餐問候對方，就是寫些過分親暱的話。雖然鎮國辯稱只是正常的人際往來，和對方也僅是聊得來的朋友，但瑩瑩還是覺得很不安。當時鎮國口頭答應她會和對方減少往來，瑩瑩也知道鎮國跟對方的互動頻繁，只是沒料到，兩人早就已經在一起了。

瑩瑩一直覺得鎮國當初會跟自己結婚，是看上她的家世背景以及外在條件符合鎮國想要建立的形象，所以才會早早把她娶回家。原本婚後瑩瑩內心對鎮國還有一些期待，覺得只要真心付出，鎮國會跟自己走完一輩子，但共同經歷過一些事情之後，她對於兩人能否白頭偕老，心中也有很大的問號。只是瑩瑩總覺得日子這樣過下去也沒什麼不好，說不定時間久了，鎮國就會知道自己的好，怎麼知道鎮國的心中早就已經有了別人……

現在瑩瑩和鎮國與其說是夫妻，相處起來更像是室友。雖然鎮國還是喜歡在公共場合或社群媒體上放閃，私下兩人根本就沒什麼互動，瑩瑩至今也沒揭穿自己知道鎮國外遇的事情。鎮國隱隱感覺到有什麼不對勁，不過既然瑩瑩沒說什麼，他也不打算自找麻煩，兩人還是相敬如賓地生活在一個屋簷下。對鎮國來說，夫妻和樂、家庭美滿、事業成功，是外人眼中看到的他，他絕不會輕易打破這個好不容易營造出來的完美形象。

每段關係都是一面鏡子，映照出我們內心的想法，所以我們必須先看清自己想跟另一半創造什麼樣的關係，然後朝著目標前進。瑩瑩應該在意的，不是鎮國跟其他女人的關係，而是鎮國跟自己的關係，因為所有的關係都是流動的，我們很難阻止伴侶與他人之間的往來，但我們可以創造自己跟伴侶的良性和親密互動。如果瑩瑩跟鎮國的互動愈來愈差、常會吵架冷戰，對比跟其他人的和諧良好互動，鎮國就會愈來愈不想跟瑩瑩交流，這是很自然的事情。所以瑩瑩應該著眼於如何跟鎮國有更多甜蜜的互動，讓鎮國感受到自己對他的愛意和溫暖，願意花更多時間在她身上。

德州大學Ted Hudson博士的一項研究指出：「婚姻失敗的原因不在於爭吵的次數增加，而在於彼此充滿愛和熱情的親密互動愈來愈少。」結婚的目的並不只是為了找一張長期飯票，而是希望能擁有可以相知相惜、陪伴一生的伴侶。如果一對夫妻在婚姻中缺少溝通，也無法互相傾聽，缺乏有品質的相處時間，一旦其中一方遇到有緣人，就很容易發生外遇。

有些女性年紀輕輕就踏入婚姻、相夫教子，少與外界往來，但另一半卻不斷在工作中累積各種學習經驗，久而久之，兩人的心就愈拉愈遠。這時如果遇到跟自己有共同目標、說話又投機的異性，會有種「他懂我」、「他了解我」、「我們很有話聊」的感覺在心中蔓延，加上對方願意花時間專注在自己身上，愛苗就很容易滋長，成為外遇的起點。所以不難發現，很多人外遇的對象常常是同事或工作上接觸到的人。

兩個人從「相愛」到「不愛」的過程之中，一定是雙方的互動出了問題，無論結果是什麼，都是共同創造出來的。如果另一半外遇，表面上是對方出軌不忠，但深究問題的核心，往往是彼此之間早就存在諸多摩擦和不愉快。裂痕的出現絕不是一天、兩天造成的，只是雙方都沒有主動去修補關係，讓它不斷擴大。等到其中一方真的受不了想離開，或是遇到更適合的對象，很可能就會不念舊情，轉而投向另一個人的懷抱。

瑩瑩與其想著如何跟鎮國攤牌，不如認真思考一下，如何才能成為鎮國心中理想的伴侶，改善兩人之間的關係？或者，鎮國真的是自己想要的理想伴侶嗎？倘若一直處於仰賴另一半的狀態，很難贏得對方的尊重和喜愛。瑩瑩還年輕，不妨努力充實自己，學習經濟獨立。但是，如果個性上的缺陷沒有改善，不管遇到了誰，只要時間一久，一定都會出現類似的問題。無論對象是誰，都不會是適合的人。

我們無法爲別人的人生負責，更不該期待別人爲自己的困境或不幸負責，記得把別人的功課和命運交還給對方，也坦然接受自己的功課。別人可以不愛我們，但我們一定要學會愛自己。人生苦短，究竟是要「充滿怨念」或是「充滿愛和祝福」地過完這一生，絕對是自己可以為自己做的選擇。

練習題　能量場切割

人與人之間只要有互動就會有能量連結，尤其是伴侶之間的連結更為緊密和複雜，如果你已經決定要跟伴侶分開，最好能將兩人的能量場切割清楚，好讓雙方都能往各自的人生目標前進。

首先觀想對方的能量就站在自己面前，真誠地跟對方行禮，感謝他曾經為自己付出的愛和照顧：告訴對方，現在已經到了分道揚鑣的時候，請對方離開，也祝福對方有更好的未來，然後用心念剪斷彼此之間的能量連結，釋放掉對方留在自己身體內的能量。做完這個練習後去感覺一下自己的身體是否感覺輕鬆很多？想到對方的時候是否還有緊綳或不適感？如果還有的話，就再切斷一次，祝福對方，也把對方應該負的責任（不善的行為或言語）還給對方，去感受（或觀想）這些屬於對方的責任能量都流動回到對方身上，讓對方負責他自己的問題，我們只要心存祝福就好。

如何原諒迷途知返的另一半？

這次，立綱好不容易切斷和外遇對象的往來，決心回歸家庭。立綱知道，自己就算對婚姻不忠，但內心深處還是一直愛著太太慈敏，所以他跟慈敏好好懺悔，把自己這些年來在外面的荒唐作為一五一十地都跟她坦白，好不容易取得慈敏的原諒，兩人打算重新開始。他也告訴自己，無論如何，都不會再把事情搞砸了。

慈敏心裡明白，雖然立綱做了很多對不起她的事，但他始終都愛著自己，所以在立綱承諾痛改前非後，答應要和他重新開始。問題是現在只要一見到立綱，慈敏就有一股莫名的怒氣往頭頂上衝，忍不住冒出想要吵架的念頭，她自己也不知道該怎麼辦才好。

在婚姻中，一旦其中一方有了外遇，往往很難心無芥蒂地復合，必須要夫妻雙方都加倍努力，才可能修復關係。現代人的婚姻狀況很多，因為大多數人對於心的控制力很差，心裡雖然知道應該這麼做，或不應該那麼做，卻做不到。例如：知道為了健康要運動、不要吃太飽、要減肥、不要一直滑手機、不要亂發脾氣等等，仍然力不從心。因為自控力差、行屍走肉地過生活，很容易莫名其妙地做出一些不該做的事，不少外遇事件就是在這種不知不覺的情況下發生的。

夫妻之間如果彼此相愛、關係親密又和諧，很難會有第三者的出現。所以一旦發現親密關係中出現第三者的時候，彼此都要先冷靜下來，思考這段關係是否還要繼續走下去。如果覺得彼此的心早就遠離，不想再繼續下去，那麼不妨好聚好散，討論如何分手這個課題。

倘若想要在這段婚姻中繼續走下去，雙方都需要好好檢視、療癒自己，無論是被伴侶背叛的傷痛，或是背叛伴侶所帶來的內疚感，都必須加以處理，並且重新建立信任感。（療癒傷痛的方式請參閱《走出傷痛，破繭重生》一書裡第二章和第三章的內容。）

首先，外遇的一方要誠心道歉、努力配合，讓對方感到心安，例如公開手機和電腦的密碼，或是主動告知自己的行程。這樣做的好處是能夠對自己有所約束，更重要的是讓伴侶比較有安全感，不會一直疑神疑鬼。在這樣的狀況下，雙方才可能重新建立信任感。

此外夫妻兩人要去深入探討為什麼會發生外遇，以及如何避免重蹈覆轍。**外遇之所以會發生，很多時候是兩個人的心已經分開了，但彼此卻沒有覺察。**造成外遇的原因很多，一項調查顯示外遇最常發生在婚後三年內，由於彼此都還在適應期，衝突也特別多。此外，當太太懷孕和有了新生兒之後，會把注意力都放在孩子身上，往往忽略了先生的存在；或者兩人因習慣和個性差異而爭吵不休、各持己見，都會造成內心隔閡。

有不少外遇的發生，是因為近水樓台先得月、日久生情，產生辦公室戀情；或者兩個人不再把對方放在最重要的位置，不那麼在乎對方、喜新厭舊。所以要好好反思彼此的關係，而不是去檢討對方，或一味指責外遇者不忠。看到自己應該負責的部分，真誠地原諒對方，也原諒自己。

很多男生對於自己外遇的過程，不是閉口不談就是抗拒討論，這樣的做法只會讓女生更加不安，反而更容易窮追猛打、問個不停，或是藉由旁敲側擊來套話

給女生的建議：

不要一直問對方，他和第三者做了什麼、有哪些親密行為、說了些什麼話、見過什麼人、到底去過哪裡……要求伴侶鉅細靡遺地交代清楚，知道這些細節只會更加傷心和痛苦，不斷在腦海裡上演內心戲，也讓自己更難以釋懷。何況，這樣做並無法讓兩人重修舊好。如果有心想要修復彼此的關係，千萬要忍住，畢竟事情都已經過去了，他們交往的種種，跟你們之間的互動無關。很多時候，探究事情真相只是讓我們更有機會去指責和怨懟另一半，這種負面情緒也會讓對方不自覺地想要逃離。

雖然人類對於愛情的占有慾和歸屬感強烈是與生俱來的事，加上好奇心驅使，難免會想知道外遇的伴侶到底跟第三者之間發生了什麼事。但了解這些只會讓自己陷入巨大的痛苦和悲傷之中，也導致伴侶不斷地去回憶跟第三者相處的情況，反而對彼此關係有害。不妨提醒自己，我們累生累世都有過很多不同的伴侶，沒有人是真正清白或永遠

專一的。所以，把這段外遇當作是上輩子發生的事吧！追根究柢並沒有太大的意義，不要鑽牛角尖，而要把注意力放在自己和伴侶的身上，讓彼此都感受到愛和被愛，才是長久幸福之道。

給男生的建議：

當伴侶一直追問或者不斷比較、計較時，她需要的其實是安全感，和希望知道你比較喜歡的是她而不是第三者。這時可以帶著愛意告訴伴侶：「真的很抱歉做了傷害妳的事，我真心地跟妳道歉，希望能有機會彌補妳。我很愛妳，也很在乎妳，第三者已經是過去的事情，我不希望再回想她的事情。我們是否可以專注在彼此身上，看看可以怎麼做，讓我們的感情更好、更緊密呢？」請伴侶告訴你，要怎麼做才能讓她感覺到你的愛，當然也要讓伴侶知道她怎麼做可以讓你感覺到被愛。

記得不要把你跟第三者的交往過程全盤托出，雖然這些事對你而言可能都已經過去了，你可能認為誠實說出來才是懺悔的表現，但是對伴侶而言，很難不在心裡留下漣漪，不斷地反覆思量著，甚至加油添醋地編造劇情，使得兩人的感情更難以修復。

這並非表示我們應該對外遇事件閉口不談，而是討論外遇事件時，應該要把重點放在「我們」的關係是如何走遠的，「我們」是如何共同創造出這樣的結果，還有未來「我們」想要創造什麼樣的關係。重點是「我們」，而不是「我」或「你」，否則就容易落入受害者和加害者的情結裡。

如果雙方都想要與對方重修舊好，但腦海裡還是一直想著過去所發生的事，緊抓著對方曾經如何傷害我、對不起我，或是一直擔心對方重蹈覆轍，讓自己再次受到傷害，那麼彼此相處時一定會有很多憤怒和恐懼，很難專注於營造兩個人在一起的快樂時光。

一對情侶剛陷入熱戀時，所思所想的都是如何讓對方更開心快樂，盡可能做避免造成對方不愉快的事。這時無論對方為我們做了多麼小的事，都可以讓我們感動萬分，於是一心想要為對方做更多讓他開心的事，來回報他帶給我們的快樂。但是當一對伴侶相處出了問題，想到的往往是對方如何讓我們感到不快樂或不安，我們應該要如何讓對方不開心，或是採取限制對方行動、批評對方的人格或父母、與對方冷戰不說話，甚至不惜以自殘、自殺等自我傷害的方式，讓對方後悔一輩子，進而達到控制對方的目的。**如果你滿腦子想的都是對方如何不是或不好，自然會感到受傷生氣，潛意識就想要去傷害對方、惹對方生氣或讓他感到內疚**。這樣做免不了傷害到自己，兩人之間的關係只會日益惡化，很難再破鏡重圓。

練習題　在「愛的戶頭」裡存款

想要重建美好的親密關係，雙方都要學習「活在當下」。兩人在一起時，就專心享受對方的陪伴，心念放在可以如何讓對方更幸福快樂，常常在「愛的戶頭」裡存款。

有些太太覺得把居家環境整理好，做一桌好菜，就是愛的表現，但先生可能期待的是太太打扮得性感迷人、主動擁抱，跟他共度良宵才是愛的表現；有些先生認為在外面賺錢把薪水拿回家，不過問太太的家用開支，滿足她的消費慾望，就是愛的表現，但太太可能希望先生能夠幫忙做家事，一起照顧孩子，或是對太太的付出表達感謝之意，才是愛的表現。（可以參考〈搞懂「愛的語言」〉內容。）

兩人感情要好並不困難，只要做到讓彼此更幸福快樂，避免彼此傷害、感到痛苦。若要做到這樣，就要試著從另一半的角度思考，**找出對方眞正想要的是什麼，並且細心觀察對方的需求，而不是一味從自己的觀點出發，去決定他需要什麼、想要什麼，如此才能讓對方眞切感受到我們的愛。**更重要的是必須避免從「愛的戶頭」裡透支，像是生氣、嫉妒、惡口、要求、干擾、欺騙、依賴、懷疑、輕蔑、威脅、諷刺、不理會、不用心、不尊重、不感恩、管東管西，甚至想要操控對方等行為，都會不斷消耗掉戶頭裡的存款，一旦沒有節制就容易感情破產。

其實不只夫妻相處，親子、朋友、同事……各種關係都是如此，想要維繫情感，就要善待他人，努力在「愛的戶頭」存款。只要存款足夠，即使偶爾無心讓對方受傷，也可以得到諒解，不致破產；反之，如果早已負債累累，即使是一句無心的話，都可能釀成巨大的災難。

第三者不願意放手怎麼辦？

友駿和慶珠是大學班對，兩人談了八年戀愛之後，才修成正果。如今他們都已年過半百，兩個孩子也已完成大學學業，出了社會。友駿畢業後沒幾年就自行創業，公司規模雖然不大，但生意做得相當不錯，算是事業有成。慶珠沒有選擇到友駿的公司幫忙，而是一直在外商公司工作，也已經爬到高階主管的位子。雖然慶珠對於友駿總是忙於公司的事，很少把時間花在家庭上，而有所怨言，但她知道友駿工作辛苦，他也提供了家人富足的物質條件，所以這些年兩人即使有爭吵，也一路相伴至今。

兩年前，友駿突然生了一場大病，把慶珠給嚇壞了！她毅然放下手上的工作，全心全意地陪在友駿身邊照顧他。雖然很辛苦，但原本漸行漸遠的兩人，有了更多機會相處，互相陪伴、分享心情，感情增進不少。

以前慶珠偶爾會參加友駿公司的活動，大家都知道慶珠是老闆娘，幾個比較資深的員工見到她時總會熱情地招呼，只有一個女同事來公司多年，是友駿的得力助手，卻很少跟慶珠互動。慶珠總覺得她好像刻意不跟自己打照面，直覺她和友駿之間有曖昧，從友駿那裡又問不出什麼所以然，加上她因為工作和家務兩頭忙，所以就更少參與友駿公司的活動，時間一久也就漸漸淡忘這件事。

半年前，慶珠無意中發現友駿跟這名女員工外遇的證據，才知道他們早已經在一起七、八年。友駿當場痛哭流涕地跟慶珠認錯，承認自己當年因為覺得慶珠太強勢，經營公司壓力又大，心事無人傾訴，而對方在工作上盡心盡力，又很明白友駿所面臨的困境，他心想多照顧一個人也不成問題，所以就跟對方在一起了。但這三、四年來，他們常常吵架，兩人的關係愈來愈淡，友駿答應慶珠一定會跟對方分手，只是對方早年離婚時有一個小孩，他拜託慶珠同意讓對方繼續在公司工作，畢竟這些年她對公司也算貢獻不少，是公司很重要的員工。慶珠一時心軟地答應了友駿的要求，讓對方不用進公司，可以在家工作，只要友駿能跟對方回歸單純的主僱關係就好。

發現友駿外遇半年多以來，慶珠經歷了憤怒、自責、無奈等種種複雜的情緒，很努力地靠閱讀及尋求專業諮詢幫助自己走出來。友駿對慶珠也表現了極大的關心，百般體貼，希望能彌補自己過去所造成的傷害。雖然慶珠偶爾還是會有些情緒，但看到友駿的耐心和誠意，覺得夫妻倆很久都沒有這麼親近的感覺了，也就心生原諒。不過慶珠還是隱約感到不安，畢竟友駿和第三者還是一起工作，對方絕對不會輕易放手。每次慶珠又開始追問時，友駿總是輕描淡寫地說自己和對方的關係已經徹底結束，但友駿愈是裝做沒事，慶珠就愈覺得事有蹊蹺，果然如她所料，對方一直不肯放手，對友駿苦苦糾纏。友駿再三表明，兩人的感情到此為止，對方卻不肯接受分手的事實。

慶珠知道友駿在處理外遇這件事情上的態度堅定，也已經跟對方說得很清楚，所以也不好再多說什麼。友駿說，他擔心對方被逼得太緊會想不開，央求慶珠再給他一點時間，他一定會把事情處理好，這讓慶珠心裡很為難。

類似慶珠的處境其實並不少見，很多婚姻都有同樣的問題，有的先生專注在工作上，太太則忙著持家帶小孩，夫妻各自有忙碌的生活，漸漸失去了連結與親密感，導致心的距離愈來愈遠，難免因此感到寂寞。還好友駿這場大病，反而讓夫妻有機會再度靠近彼此，而曾經外遇的友駿，對慶珠深感內疚，反而能夠加倍體諒妻子。

婚姻中之所以會有第三者出現，往往是因為夫妻同床異夢，才會讓第三者有可乘之機。倘若夫妻關係甜蜜，第三者也不會有存在的因緣或機會，而且當先生不再想要花時間或精力經營跟第三者的感情，情感自然會愈來愈淡，慢慢地就疏遠了。如果可以的話，請在心裡把祝福送給第三者，祝福她可以找到適合自己的伴侶，以及真心感謝她曾經付出的愛。

練習題 如何面對三角習題？

我們無法干預其他人之間的交往關係，唯一可以做的，是經營好自己的情感關係。以慶珠的例子來說，她應該把心思集中在經營自己和先生的婚姻上，讓對方感覺被愛，也能明白自己的需要，並且能夠彼此分享心情。千萬不要搞錯重點，想著自己不好過，也不要讓對方好過，否則只會讓彼此的心離得更遠。

友駿如果真心想要結束這段外遇關係，最好的方式是盡量避開和第三者見面或互動的機會。不妨好好溝通後，讓第三者選擇離開公司。當然，做人得厚道，該給予的經濟補償應該要給予，如果可以協助安排下一個新工作，也要盡力幫忙，並且在心裡真心感謝對方曾經對公司付出的心力和勞力，以及對這段關係給出的愛，也為自己對對方所造成的傷害真誠道歉。在一段三角關係中，很難做到讓大家都不受到傷害，只能盡量將傷害降到最低，若是處理得好，三方都可以從這個經驗中獲得學習和成長，也能慢慢走出心的傷痛，創造更美好的關係。

如何走出劈腿的陰影？

小敏跟世緯交往八年了，感情一直很穩定，雖然偶爾會爭吵，但世緯總是很快就讓步，所以小敏也生不了太久的氣，兩人很快就言歸於好。只是小敏怎麼也沒想到，世緯最近跟她坦承自己劈腿的事情，而且對方已經懷了孩子。事發後，世緯跟小敏表達強烈的歉意，直說非常對不起她，又說他依然深愛著小敏，對於自己的不忠，感到萬分後悔。只是對方有了孩子，身為男人的他必須擔負起責任才行，為了給孩子一個名分，世緯別無選擇，只能跟對方結婚，但是他又私心希望小敏不要離開自己，就算他娶了別人，希望婚後和小敏還是可以繼續交往。

聽到世緯居然劈腿，還因為有了孩子要跟別人結婚，小敏簡直是晴天霹靂！理智上，小敏知道自己應該要跟世緯分手，因為他自私的欺騙行為，無論對小敏或是第三者而言，都造成了莫大的傷害。小敏的朋友們也都大罵世緯是渣男、負心漢，每個人都力勸她應該痛下決心離開這個爛男人，不應該再跟世緯繼續糾纏下去。

儘管小敏知道朋友們心疼她在感情上受傷，是為了她好，希望小敏能夠清醒過來，不要繼續沉溺在這段已經變質的感情裡，但是小敏只要回想起跟世緯在一起時的甜蜜時光，還有他一直以來的溫柔包容、百般疼愛，經常逗小敏開心，心裡就很難放下。

即使知道世緯不但背叛了她，還要她扮演小三的角色，卻還是忍不住思念著世緯。

彼此曾有過一段甜蜜幸福的關係，互相眞心付出過，所以會有捨不得的感受是很正常的事情，如果因此而否定曾有過的美好感情，就等於是在否定過去的自己；畢竟跟對方曾經有過的種種記憶，也是自己生命的一部分，特別是過去對方曾經溫柔地對待自己。允許自己偶爾會有想念對方的念頭升起，一旦念頭升起時，就坦然接受它。

我告訴小敏，「妳可以在心裡感謝和世緯曾經共有過的愛，謝謝他曾經給過妳的溫暖和照顧。」男女之間只要相愛過，尤其是發生過性關係，雙方的能量場就會有層層糾結，因此不是理智上說斷就能斷乾淨的，可以參考我在《走過傷痛，破繭重生》一書中分享的方法，來處理這些糾結的能量。

我們要由衷感謝這些曾經，因為只有當我們接受過去所有發生的事情，才能好好專注於眼前。如果一味貶低、否定或謾罵對方，很難讓自己真正地走出來。

既然彼此相愛過，我們無須全盤否定對方，或是和對方共有過的經驗和記憶。沒錯！對方的確做錯事，他不應該傷害你，他的某些行為和言語也可能是我們不喜歡、不欣賞的，但是對方曾經愛過我們，一定也有某些行為、特點和言語是我們所喜歡和欣賞的。

小敏跟世緯現在的狀態已經不同於過去，不再是一對一的關係，世緯跟另一個女人都有了小孩，和小敏的關係早就有了很大的變化，所以讓小敏捨不得以及念念不忘的，其實是「過去的他」，和那些兩人曾經有過的美好回憶，並不是「此刻的他」，和兩人目前的狀態。小敏並不會思念或是想要跟現在這個有著另一個女人與孩子的世緯在一起，更何況如果世緯真的選擇和別人結婚了，他們的婚姻也就受到法律的保障，如果小敏還和世緯在一起，就成為了第三者。

當小敏靜下心來好好反思時，看到在這段關係裡，世緯一直是個暖男，當兩個人有爭執時，都是對方退讓，她也理所當然地認為男生就應該禮讓女生。或許就是因為自己長期的跋扈，和仗勢世緯總是會包容她，才讓第三者有機可乘。

相愛容易相處難，再怎麼相愛的兩人，如果不懂得相處，三不五時就冷戰或爭吵，時間一久，心的距離就會變得遙遠。因此，表面上看起來可能是世緯無法抵抗外緣、三心二意，才會造成和小敏的關係破裂。但是，小敏也要去看看自己在經營這段關係上，有什麼可以改善或調整的地方，是不是對這段關係的失敗也要付出一部分的責任。有些人在不自覺中，承襲了父母之間不和諧的相處模式，如果覺察到自己有這樣的問題，就要想想怎樣做才可以跳脫這樣的模式，用愛、尊重、感恩、關心、和善的互動方式，而不是用批評、抱怨、指責、控制、忍讓、冷戰來對待彼此。

在過去男尊女卑的時代，女性必須從一而終，和一個男人在一起就是一輩子的事，即使婚姻生活再痛苦也只能夠忍耐、認命，不然就動不動抱怨給子女聽，讓他們為自己出氣。現代女性和男性有平等的機會受教育，也有工作能力可以經濟獨立，進入婚姻的目的與其說是為了傳宗接代，毋寧是希望找到彼此相愛相惜的生命伴侶。

人的一生之中可能會經歷幾段親密的伴侶關係，每段感情都會帶來更多的自我探索和成長。親密關係彷彿是一面映照自我的鏡子，與其一味指責抱怨對方的不是，不如好好地反思自己是否有什麼可以改善和進步的空間。當你懂得愛自己時，才有可能建立更和諧美好的關係。

練習題 當斷則斷，告別往日情

觀想曾經相愛的伴侶就站在自己前面，回想一下，你們剛認識和戀愛的那段時光，感謝對方曾經欣賞和愛過自己，也謝謝兩人曾經有過美好的時光。只是因為自己和對方都不夠成熟，也不夠了解彼此，所以才會造成雙方的傷害，最終無法必須結束這段感情。請對方原諒和祝福自己，自己也願意原諒和祝福對方。

想哭的話就讓自己好好地大哭一場，但是要帶著覺知的哭（覺察腦海裡出現的想法／念頭）。如果想要罵人，也可以發出模糊不清的聲音，例如用「如阿、如阿、如阿」的音來釋放自己想要發洩的能量，不需要用清晰的言語說，否則容易陷入內心的小劇場（釋放想罵人的能量），也可以用情緒能量敲打法（請參考《走出傷痛，破繭重生》一書）。發洩完情緒後，用雙手抱住自己，跟自己說：「我可以選擇愛和祝福自己，我也願意選擇愛和祝福自己。」當所有的情緒都平靜下來時，再用心念去想著切斷彼此的能量連結（要真實地感受到兩個人之間的連結被切斷了），然後帶著愛和祝福，讓對方好好離開。

釋放想罵人的能量

·釋放想罵人的能量：https://youtu.be/FxJoIzFJsHs

如何才可以有「下一個男人會更好」？

很多人在安慰失婚、失戀的女性好友時，經常會脫口說出：「沒關係，下一個男人會更好！」但事實真的如此嗎？就我觀察的狀況，往往並非如此，想要遇到下一個更好的對象，其實是有先決條件的。

首先，我們必須要讓自己變得更好。如果身為女人僅有的本錢就是外貌，那麼隨著年紀增長，這個條件只會不斷貶值。如果我們能從每段交往關係中汲取寶貴的經驗，把原本的有稜有角磨掉，讓自己充滿輕盈喜悅的能量，更具有內涵與氣質，跟別人相處時，也讓人感覺更輕鬆歡喜，成為一個更美好的女人，自然就能跟更高、更和諧的頻率共振，遇見更好的伴侶。

其次，我們得要從過去的創傷經驗所帶來的痛苦中走出來。如果一個人死命抓著曾經被劈腿或家暴後的憤怒與不安全感不放，很容易與類似經驗產生共振，不斷複製同樣的命運。

我曾經治療過一位老公有外遇的女病人，即使後來她有了新戀情，她的內心依然充斥著強烈的不安全感，對於伴侶的一舉一動草木皆兵、緊迫盯人，甚至時時刻刻都在拷問伴侶，懷疑他是否對自己不忠。像她這樣用恐懼與憤怒，而不是以愛爲出發的舉動，只會使另一半覺得窒息和反感，想要逃脫這種不自由的關係。如果你認定「天下烏鴉一般黑」，男人都是一個樣子，問題都出在男人身上，這樣一來，不論遇到什麼樣的伴侶，我們的心都只會看到自己認定的那個模樣。

再者，要清楚知道自己想要什麼樣的伴侶。如果想要一隻狗，偏偏找了一隻貓，然後期待可以靠著愛就把貓變成狗，這不是異想天開嗎？所以不要想著去改變別人，應該先弄清楚自己想要具備何種特質的伴侶，再從交往的過程中，仔細觀察對方是否符合自己的需求（請參考本書的第一章節）。記住，人是會不斷成長和變化的，所以當下適合的對象，不見得永遠都適合，即使將來結了婚，還是要不斷磨合，用心經營婚姻關係，才能讓感情不斷進化，成為彼此更好的伴侶。

一段關係如果想要長久維持下去，就要想辦法讓愛持續加溫，例如懂得感恩、攜手成長、相互陪伴、忠於彼此、看得到對方的需求，並且願意滿足伴侶，不口出惡言，更不用暴力對待彼此……這些都是維持愛的關係很重要的條件。有些伴侶不懂得用正確的語言去傳達愛意，因為對愛的理解不同，付出得不到回應，而感到心灰意冷。至於被付出的一方也無法接收到對方的心意，久而久之，雙方都認為愛情已經枯竭，欲振乏力，面臨了該不該分手的抉擇。

一段婚姻是否會走到盡頭，取決於雙方對於婚姻的價值觀。華人文化向來推崇「白頭偕老」的觀念，所以即使兩人之間不再有愛，或雙方感覺並不契合，在社會規範的壓力下，很多人還是會選擇繼續維持原有的婚姻關係。即使兩人生活在一起早已相敬如冰，感覺就像雞肋一樣，食之無味、棄之可惜，甚至相敬如兵，關係比仇人還要更糟，每天不斷上演言語暴力或肢體衝突的戲碼，依然不會選擇放手、各奔東西。

有的人發現自己想走的婚姻之路與原來期待的不同，毅然選擇結束一段不快樂的關係，讓彼此往各自的方向前進。倘若一旦關係已經到了無法繼續走下去的地步，感謝對方曾經的陪伴和付出，祝福彼此找到更合適的伴侶，才是成熟的做法。如果已有子女的話，持續關心和照顧孩子，並且告訴他們，即使父母分手了，對他們的愛也不會有所改變。至於下個男人或女人是否會更好，端看個人能否從這段關係中得到成長、蛻變。

練習題 找回失落的自我

請想想你對伴侶有什麼樣的期待或不滿？你如何表達自己的期待和不滿？從對方的角度來看，當他／她聽到我的抱怨時，會有什麼樣的感受和回應呢？

當我們對伴侶有所期待和要求，往往反映了生命中的不滿與空缺，尤其是在原生家庭中的缺憾，想要藉由另一半來填補，原先失落的一角。

事實上，我們無法期待由別人來滿足和填補自己的需求，而要去思考如何達到自我滿足。例如在經濟上、精神上、飲食起居等各方面，你是否可以學習經濟獨立、享受獨處？是否可以把自己照顧得好？一旦我們成為圓滿自足的個體，那麼不管對方做什麼，都可以活得開心又自在。如果我們的喜樂不是建築在他人的回應，無論選擇跟誰在一起，都可以相處得很和諧。

Chapter

3

如何創造和維繫親密關係

人與人之間的關係並非恆常不變，而是不斷地在進化和被創造。有人把伴侶關係比喻成一個愛的帳戶，當兩個人爭執吵架、互相詆毀、批判責備、輕蔑鄙夷，或產生言語行為暴力相向時，就如同在帳戶裡大量提款，一旦帳戶裡的存款被提領一空，導致破產，這段關係也就走到了盡頭。然而，當伴侶之間懂得創造美好的互動時光，就好像是在愛的帳戶裡持續存款，自然會不斷累積資產，兩人的關係也會愈來愈緊密相連。

練習不抱怨

美嫻身體的病痛已經持續好幾年，最近甚至嚴重到影響日常生活和工作。她的先生恆育因為工作的關係，外派到中國，一年只有三個禮拜的休假可以回台灣，但每次恆育好不容易回來，卻把時間都拿來上網打電動，幾乎不太跟美嫻說話，兩人之間的互動也很少，這讓美嫻又氣又難受，有時想想，自己根本就像是半個寡婦。

每次恆育回到台灣，一進家門，美嫻就衝著他大吐苦水，不斷重複說著自己獨自在台灣工作和帶小孩有多辛苦、小孩子多不聽話、親友又做了什麼討人厭的事情……然後對恆育要求東、要求西，逼他面對家中各種繁瑣的大小事務，這當然會使得長期在外工作難得回家一趟的恆育覺得厭煩又無力，無奈之餘，只好躲進網路的虛擬世界，盡量減少跟美嫻對話的機會，久而久之，夫妻之間的距離自然愈來愈遠。

那天美嫻來看診，跟我說了她和先生相處的狀況，她覺得自己的病痛，先生要負很大的責任。對此，我很直接地告訴美嫻：「夫妻聚少離多，太太當然會希望先生能把握時間好好陪伴自己，或是幫忙分擔家務，但用抱怨和生氣的方式無法讓先生更靠近妳，或是想要跟妳在一起。更何況，從先生的角度來看，好不容易放假了，希望能夠好好放鬆和休息一下，看電視和上網是他覺得放鬆的方式，這是他的選擇，也是屬於他的自由。」

「可是我先生忽略了我的存在，我們夫妻倆隔了幾個月好不容易才能見上一面，他的冷漠讓我很難過……」美嫻委屈地說。

「我們很難要求別人改變，特別是用抱怨和生氣的方式，不但無法讓人照我們的意思做，反而會更想要遠離。就算妳和先生聚少離多，好不容易聚在一起，先生也會感受到妳的生氣和不滿的能量，覺得不舒服，自然就會想要逃得遠遠的。妳可以選擇留在婚姻裡，但要學習接受先生，或調整跟先生溝通和互動的方式，或者妳也可以選擇離開這段婚姻，去過自己想要的生活。」

我建議美嫻要發自內心真誠地感謝先生長期在海外工作養家的辛苦，體諒他獨自一人在外地就職的寂寞。當先生難得休假回家時，應該給予更多肯定和感恩，細心觀察先生想要什麼、需要怎樣的支持，如果他一回到家就可以感受到家人打從心裡的歡迎、家的溫暖以及妻子的關心，那麼自然就會願意把時間空出來，跟她有更多的相處與互動。

抱怨和生氣只會讓彼此的關係更惡劣，只有出自同理心的愛與欣賞，才會讓人有改變的動力，也讓另一半想要親近我們。

有些人的言語中經常滿是委屈，彷彿自己是全世界最不幸的人，周遭的人都對不起自己，全身散布著不滿的能量，身體自然容易痠痛不舒服，感覺無力虛弱，人際關係往往也會愈來愈差。跟這樣的人在一起時，只會讓人忍不住想要逃離，或是跟著抱怨指責，導致彼此的關係日益惡化。

當然，如果先生一回來就懂得先抱抱太太，然後跟太太說聲：「妳辛苦了！一個人得要忍受寂寞，還要帶小孩和整理家裡，真的是辛苦妳了！」這樣太太有被同理到，自然會大幅度地減少抱怨了。即使太太還有抱怨，與其躲得遠遠的，先生可以跟太太說：「我剛搭飛機回來，昨晚為了休假回家還加班了，所以滿累的，先讓我稍微放鬆休息一下，我再來幫妳好嗎？」一般太太如果了解先生不是故意不理會，而是真的很累需要休息放鬆一下，她就不會窮追猛打和抱怨連連了。所以懂得溝通、把自己的想法和感受好好地表達清楚很重要，才可以避免無謂的爭執和不快。

練習題　不抱怨，自己先做出改變

遇到婚姻低潮時，先別急著抱怨，不妨先停下來反問自己：「我可以如何走出現在的狀態，改善彼此的關係呢？」只有先問自己可以怎麼改變，然後找出可行的方法，具體行動，才有機會走出困境。

如果自己不願意改變，只是一直想著如何改變對方，或把問題丟給對方，那只會造成對方的壓力和反彈，甚至反過來攻擊自己，那麼兩人就很難找到共識。

現代人工作壓力大，要學習調適壓力。如果發現這個方式行不通，不妨換個方式，讓自己更有彈性。

夫妻之間不只要學習不抱怨，還要學習看到對方好的地方，感謝彼此對家庭的付出，願意一起分擔和分享，感情才會如膠似漆。一旦我們開始改變態度時，對方自然會跟著有所轉變，如此一來，不僅身體會愈來愈健康，家庭也能夠更和諧。

別讓另一半猜心

吉娜微蹙著眉頭、哭喪著臉走進診間，她覺得自己的婚姻跌到谷底，已經沒有其他的路可以走了。她說自己跟英亮交往三年後才結婚，原本兩人無所不談，但婚後英亮卻常常對吉娜表現得非常不耐煩，甚至常常直接打斷吉娜的話，要不然就是心不在焉地低頭滑手機，根本不在意她剛才說了什麼。

我請吉娜仔細回想，婚前和英亮都聊些什麼呢？婚後兩人的談話內容又有什麼改變呢？

吉娜想了一下說，婚前兩人什麼話題都可以聊，從小吃、美食、電影、電視劇情到人生夢想，都能聊得很開心，每次約會都覺得時間飛逝。但是婚後吉娜只要開口說不到幾句話，英亮就會露出一臉不耐煩的表情。仔細了解後，我發現吉娜的表達方式容易流於抱怨，例如：「你都不跟我聊天！你都不愛我！」常常帶著負面情緒。於是我請吉娜去看看自己真正想要的是什麼，然後直接清楚地表達，不要再用情緒化的方式和另一半對話。

「你都不跟我聊天」或「我們應該要好好談談了」這幾句話，常會給人帶來無形的壓力，覺得被指責，甚至感覺大難就要臨頭了。如果可以改用「我希望能有十分鐘的時間，跟你坐下來手牽手、天南地北地聊一聊，這樣我會覺得好幸福！」用這種方式表達，不但簡單明瞭，也讓人有信心很容易就能滿足對方的要求，我想無論男生或女生都會很樂意配合。

女生常用「我的老闆很不公平，都偏心某某人」或是「我工作得好累，好辛苦喔！」這樣的話來討拍，希望伴侶能夠給予安慰、抱一抱她，或是說聲「妳辛苦了！」但是男生聽到這些話的時候，直覺上會以為另一半希望自己能夠幫忙解決問題，再不然就是她不想繼續在外面工作賺錢了，當下可能自覺無力解決這個問題，所以備感壓力，久而久之，因為不想再聽到這些話，心生逃避。

有些男生會努力想找出問題的癥結，所以聽到太太抱怨時可能會說出：「妳應該要感謝老闆給妳這份工作，我猜妳的同事應該比妳勤快吧！」或是「妳的同事嘴巴比較甜，誰教妳就是嘴巴硬，不懂得拍馬屁，所以升遷才會沒妳的份！」滿腹委屈的太太聽到這些回應，不但沒有得到想要的安慰，還惹得一肚子火，往往只會覺得更難受。

說起來，這其實也是女生沒有表達清楚的緣故，所以到底需要什麼樣的支持，最好能跟另一半直說，特別是男生習慣把話說得直白，才會知道該怎麼做。

太太與其抱怨自己的工作很累，不如直接說：「我今天好累喔，老公，我需要抱抱！」或是「老公，可以請你幫我按按肩膀嗎？」這樣先生才會知道妳希望他如何做。不然當妳說「好累喔」，他可能會覺得妳需要些自己的時間和空間，不想要被打擾，所以他會選擇躲遠點或自己找事做、滑手機等。但他這樣做的好意卻被妳誤會成不關心妳或不愛妳的表現，這就是溝通不良所產生的誤解！

有些女生習慣把「你都不愛我」這句話掛在嘴上，這頂帽子一扣，很容易讓男生

不知所措，覺得莫名其妙被冤枉。很多時候當女生說出這句話，其實只是有些事想要對方去做，例如希望能夠和對方多一些身體接觸，像是抱抱或親親；又或者希望對方能夠說出「我愛你」三個字，也可能是希望對方幫忙分擔洗碗、倒垃圾等家務，這時與其讓對方猜測，不如直接表達，說清楚講明白，往往可以省去很多不必要的麻煩。

此外，「你都不幫我」是一句很籠統的話，會讓人無所適從。先生可能覺得自己明明已經幫了忙，卻被太太指責袖手旁觀。有時先生只是沒有用太太期待的方式去幫忙她，或是根本不清楚怎麼做才能幫得上忙，所以太太最好把話說清楚，例如：「我希望你能一起來準備晚餐，由你負責洗菜和切菜。」

很多男生從小到大都沒有下過廚，對於如何洗菜、切菜，可能一無所知，所以請另一半協助家務時，最好先示範一下標準動作，如果要求先生幫忙其他家務事時，最好也能比照辦理。每個人做事有不同的標準和程序，如果不說清楚的話，可能出現認知差異，一旦先生做得不如太太的意，惹得她不高興，先生也會深感挫折。

伴侶一起做家事，可以促進感情；一不小心，也很容易傷了感情。如果先生做得不夠好，做太太的千萬不要一直叨念，記得要先感謝他願意幫忙的心意。當先生動手做家事的時候，一面讚賞、一面親親抱抱他，給他一些愛的鼓勵，自然就會愈做愈歡喜。反之，當太太在廚房忙進忙出的時候，如果先生可以幫幫忙，偶爾遞上茶水，說幾句讚美的話，太太就會做得很開心，這樣烹煮出來的料理，往往也會特別美味。

兩性溝通很重要，女生比較善於同理，往往能聽出對方沒說出來的隱藏話語，

所以常會用隱晦委婉的方式表達，以爲只要稍微暗示一下，另一半就能夠明白。但是男生跟女生的大腦處理訊息的方式不太一樣，男生的表達方式比較直接，不擅於猜測揣摩，傾向解決問題，而不是處理情緒。所以女生如果需要伴侶的同理和安慰時，最好直接告訴他要如何做，不要讓他猜了半天卻落空，搞得雙方都不愉快。同樣地，遇到那些妳以為很重要的節日，像是生日、交往紀念日，另一半未必會記得，與其期待他會製造意外的驚喜，不妨主動提醒，說出自己的需求，免得為了同樣的問題吵翻天。

練習題 用肯定句表達清楚

1.溝通前先學習看到對方、肯定對方，盡量去讚賞或感謝對方做得好的地方。

2.溝通時避免用「你都不……」，而用「我希望……」來開場，明確告訴對方，希望他如何做或如何說。

3.當對方提出問題或抱怨時，不要急著幫他想解決方式或替自己辯解，可以反問對方：「你希望我如何幫你？」或「你希望我如何做？」

4.當一方表達自己的想法感受時，感謝對方願意訴說、願意傾聽，甚至願意去做。

5.跟伴侶交談時，除了抱怨的話題以外，是否還可以找到有趣的事情聊聊呢？關注和了解對方的興趣，找到兩人都喜歡的主題。此外，多充實各方面的知識，才不會言語無味，讓另一半更喜歡跟我們交談對話。

願意傾聽對方

子屏因為脖子僵硬、頭痛、左肩痠痛以及左手麻癢等問題前來就診，太太雅淑也陪他一起來。看了子屏的能量場後，我問起他跟太太的互動，還有和兒子在相處上有什麼問題。

子屏顯得有點為難地說，太太雖然是個善良、心地好的女人，可是講話卻很難聽，而且每次自己才說了一、兩句話，太太就很不耐煩地打斷他，這讓子屏很無力，卻又不知從何說起。

聽了子屏的話，我轉頭跟雅淑說：「子屏的情緒能量屬於聽覺型，聽覺型的人很需要被聽見，所以要耐心傾聽他說話，而且跟他講話時要注意語氣和聲調，千萬不要太大聲。要是妳大聲說話或口氣不佳，無論說的內容是什麼，他都只會聽到妳的不友善，感受不到妳的關心和愛。」我叮嚀雅淑在和子屏溝通的時候，當他把話講完後，再重述一次，看看自己所理解的是不是就是子屏的意思。確定自己說的話有完整地被聽到，對聽覺型的人來說真的很重要。

聽完我的話，雅淑露出有點尷尬的表情，她說自己很沒耐心，每次等不到先生講完話，她就忍不住要插嘴，而子屏總是動不動就生氣，讓她覺得很苦惱。我告訴雅淑，耐心是可以訓練的，培養耐心和傾聽的能力，對夫妻相處甚至親子關係都非常重要，只要妻子能夠用心聆聽先生的心聲，自然也能夠傾聽孩子的內心話，以及傾聽自己的內在聲音。

至於子屏容易生氣的原因，是因為他說的話老是被打斷。其實聽覺型的人只要感受到自己被聽到了，氣就容易消了。所以我建議雅淑，無論有什麼想說的，都請先聽完子屏的話再開口，才不會讓他累積一堆疼痛的能量在身上，頭痛和肩頸痛自然就會得到改善。往後如果子屏又因為自己插嘴而生氣，可以好好地告訴他：「對不起，我忘記了，我不該打斷你的話，請繼續說。」

接著我告訴子屏，要常練習跟太太表達自己的想法：「我還沒講完，請先聽我說完。」不要自己一個人生悶氣；或者可以主動詢問太太聽到的內容是什麼，如果方便的話，請她重複一次，不要因為被打斷就急著生氣，找到適合彼此的溝通方式很重要。

聽完我的話，子屏點了點頭，想了一下，說：「其實兒子一開口就沒好話也讓我很生氣。」我告訴他，**孩子的說話方式，往往是從父母身上學來的，如果父母一開口就沒好話，孩子自然也說不出什麼好聽的話**。孩子是父母教養出來的，怪不了別人；反之，如果父母一開口就是好話，孩子往往也會學到多說好話的習慣。父母是孩子的模範，如果想改變孩子的說話方式，就要先從自己做起，懂得互相感恩和讚美伴侶，經常去看到對方好的一面，孩子在耳濡目染之下，也會改變原本不討喜的說話方式。

學習傾聽

1.讓伴侶知道你很在乎他的看法，可以告訴他：「我希望能聽聽你的想法」、「你的意見對我很重要」、「我願意聽你說」或是「我在乎你的意見」。

2.當他開口時請仔細、耐心地聽，不插嘴，也不要帶有任何批評，或是一定要幫忙對方的壓力。傾聽不是為了討論對錯好壞，重點在於靜靜地聽、專注的聽，帶著「我想要更了解你」的意圖去聆聽。可以適時地用言語或動作讓伴侶知道你有用心在聽，例如：點頭或是「嗯」應和，也可以說：「你是否覺得很生氣、很傷心？」

3.重複或總結一下伴侶所說的話，問問自己的理解是否就是他想要表達的意思，也就是要讓對方知道，自己聽到了。此外，可以詢問伴侶是否需要幫忙，或是我們可以為他做什麼，怎麼表達才能讓他的感覺比較好。

人很容易自以為是，以為知道伴侶需要的是什麼，但自己所想的卻常常跟伴侶想要的不一樣，如果把自己的意見強行加諸到對方身上，反而會造成彼此的壓力和衝突。

千萬不要把「我是為你好」掛在嘴上，而要說「我可以為你做什麼呢？」如果因為被伴侶打斷話而感到不爽，就要堅定溫和地告訴另一半：「我還沒有說完，我希望能好好地被你聽到，可否給我五分鐘，讓我把想說的表達清楚呢？謝謝你願意聽我說話。」

搞懂「愛的語言」

每個人對愛的定義和感受方式不盡相同，有時候我們覺得對方不愛自己了，事實上也許只是伴侶對於你所做的「愛的行動」沒有反應，或者我們對於伴侶的沒有回應。婚姻諮商專家蓋瑞．巧門（Gary Chapman）博士，經由多年累積的諮商經驗與研究發現，人類有五種常見的愛的表達方式，或稱之為「愛的語言」：

1.言語的肯定（words of affirmation）：用正向的言語肯定和欣賞對方，包括讚嘆對方的付出和表現等，會讓對方感受到被愛。如果對方的愛的語言是言語的肯定，那批評、貶低和抱怨就會帶來巨大的殺傷力。所以切記不能批評、貶低對方。

2.服務的行動（acts of services）：為對方做家事、買菜、煮飯、掃地、洗衣服、倒垃圾、整理家務、照顧孩子、幫對方按摩，甚至是幫對方剪指甲等對方覺得「重要」或「感動」的事。如果對方「愛的語言」是服務的行動，那就會對不常幫忙家務的伴侶感到不滿。

3.身體的接觸／觸摸（physical touch）：如果伴侶「愛的語言」是身體的接觸，輕輕觸摸、摟肩、牽手、愛撫、親吻、擁抱、做愛等行動，常常有主動的肢體肌膚相親或互相碰觸的動作或行為會讓對方覺得被愛。相對地，肢體暴力或拒絕身體的親熱行為會帶來莫大殺傷力。

4.有品質的相處時間（quality time and attention）：這是最多人渴望的愛的語言，但也是忙碌的現代人常會忽略的地方。跟伴侶在一起時，要把「心」放在伴侶身上，注視著對方、與對方談心，給予百分百的注意力。盡量避免在兩人相處時一邊看電視或滑手機，要全神貫注地聆聽對方的感受，身心都跟對方在同一空間，互相分享經驗、思想、感覺或是未來的願望。一定要花時間好好相處，這樣雙方的情感才會不斷加溫。如果只有身體在一起，心卻沒有放在對方身上，對方自然無法感受到愛的能量和訊息。

5.接受禮物（receiving gifts）：無論買的、找到的，或者自己親手做的，只要是一些特別幫對方設計或買的小禮物，讓對方知道你心裡有他的存在，都會因此深受感動。除了具體的物質，禮物也包括抽象的概念，例如關鍵時刻或重要的日子，一定要記得，也會陪在對方身邊。如果對方「愛的語言」是接受禮物，那麼重要的日子（生日、結婚紀念日等），一定要陪伴對方和送禮。忘記對方生日或兩人重要的紀念日，或從不送任何禮物等都會被視為是冷漠、缺乏愛的表現。

伴侶之間常常因為愛的語言不同，以致於在表達愛，或是理解對方的愛時，出現雞同鴨講的情況。愛的語言不同，也會影響到親子之間的交流。

只有當對方用可以讓我們感動的方式，也就是我們所習慣或期待的愛的語言來表達愛的時候，我們才能夠感受到對方的愛，反之亦然。當我們用對方習慣或期待的愛的語言去傳達愛時，對方才能接收得到，才能在兩個人愛的戶頭裡累積存款。

案例1：孝明一直非常努力工作，為的就是能賺更多的錢。他自認很疼老婆，總是很捨得花錢買禮物送給太太海莉，作為表達愛意的方式。孝明慣用的愛的語言是提供／接受禮物，但海莉卻總是感受不到來自孝明的愛。因為海莉期待的愛的語言是「有品質的相處時間」，她希望孝明能夠多花點時間專注地跟她在一起，聊聊天、談談心，把注意力放在她身上，但孝明總是一大早就出門工作，下班回家後就累得像條狗一樣，只想躺在沙發上看電視、滑手機；當海莉說話的時候，他不是心不在焉，就是敷衍了事，所以海莉覺得孝明根本不愛她。

而孝明也覺得海莉很難被取悅，明明自己常買禮物送她，如果不愛她，怎麼會捨得為她花錢呢？

案例2：湘琪是個稱職的家庭主婦，總是盡心盡力地為了家人做飯、打掃、洗衣服，把家裡弄得一塵不染、井井有條。她認為給振淮一個舒服的居家環境，就是妻子對先生最直接的「愛的表達」，她傳達愛的語言正是「服務的行動」。但這幾年湘琪卻覺得振淮好像對她愈來愈不滿，兩人的關係變得疏離，湘琪實在不知道他在不高興什麼。其實振淮能感受到的愛的語言是「身體的接觸」，他總是期待回家時，湘琪可以抱抱他、親親他，但每次湘琪總是忙著家務，根本沒有注意到振淮的存在，甚至當他去擁抱她時會被不耐煩地推開。

湘琪對振淮也感到很失望，因為她很希望振淮回到家可以幫忙做些家事，減輕自己的負擔，但振淮卻老是想要肢體接觸，一心只想著要跟她親熱，這讓一整天忙於家務而精疲力竭的湘琪感到十分厭煩。

如果湘琪懂得振淮的愛的語言，當振淮回到家時，她自然會先放下手邊的事去抱抱振淮，然後再邀請振淮一起來幫忙做家事。如果振淮懂得湘琪愛的語言時，他回到家自然會開始動手幫忙湘琪，等兩個人一起把事情做到一個段落，再來好好地抱抱親親，這時候湘琪才不會因為忙著做事而不耐煩地推開振淮。懂得彼此的愛的語言，兩個人的互動才會很美好，才不會兩個人都感到失望和沒被愛的痛苦。

從以上案例，我們發現，人很容易從自己的觀點來假設對方的立場與需求，但是很不幸地，伴侶之間所期待的「愛的語言」經常是不一樣的。**如果不了解對方重視的「愛的語言」是什麼，即使爲對方做了很多事情，對方也未必能夠感受或接收得到我們的愛意。**

如果我們每天都能在愛的戶頭存款，愛自然會愈來愈多，也愈來愈懂得如何相愛，並且感恩對方出現在自己的生命之中，否則就容易出現台語俗諺說的：「做到流汗，被人嫌到流涎。」

不只是伴侶之間要了解對方「愛的語言」，親子關係也是如此。當一家人都能夠善用愛的語言，夫妻和親子關係會更和樂親密。

練習題　讓愛回溫

請回答下面幾個問題，如果可以的話，請跟伴侶互相分享答案，幫助彼此更互相了解。

1. 我如何知道或感受到伴侶很愛我呢？
2. 伴侶可以做什麼或說什麼讓我感受到被愛呢？
3. 我是如何表達對伴侶的愛呢？
4. 伴侶是如何表達他／她的愛？
5. 當我做了或說了什麼，伴侶會感到很開心或很感動呢？
6. 當我做了或說了什麼，伴侶會感到很生氣或想遠離呢？

回答問題時，要想像你和伴侶互動或相處時，希望跟伴侶做什麼？或希望他為你做什麼？可以從上面敘述的五種愛的語言去思考。也可以試著詢問伴侶，要怎麼做才會讓他／她感到被愛，同時也檢視伴侶做了什麼，會讓自己覺得開心、感到悲哀。

如果兩個人的相處已經很不融洽時，可以先每天盡量做一件讓對方感到被愛的事情，等到自己在對方愛的戶頭裡累積了一定的存款（一般至少需要一個月），對方開始有善意的回應時，就可以開始讓對方知道自己想要他怎麼做，才能感受到被愛。

根據蓋瑞．巧門博士的實務經驗得知，即使是婚姻瀕臨決裂的伴侶，也可以透過這樣的方式挽回。其實不只是伴侶之間才要了解對方想要的愛的語言，親子關係也是如此。

希望大家能夠善用愛的語言，讓夫妻、親子等家庭關係更加和樂親密，彼此也能愈來愈懂得如何相愛。

有了孩子
切記不要忽略另一半

這些年來，俊霖和麗玉這對夫妻的關係愈來愈疏離，曾經無話不談的兩個人，現在經常相對無言，或只能談談有關孩子的事。有時候假日兒子小宇去補習，家裡只剩下夫妻兩人，可以一整天都安安靜靜地不說話，頂多用餐時間麗玉叫俊霖出來吃飯，而他也總是坐在餐桌前匆匆地扒了幾口飯，就趕回房間忙自己的事。麗玉也不知道為什麼，兩人之間的氣氛變得如此冰冷，就連簡單的閒聊都說不出口，更別說要談心了。最近俊霖變得格外注重上班的穿著打扮，麗玉暗暗擔心，他會不會在外頭有了小三。

除了俊霖的冷漠，兒子小宇也沒讓麗玉好過。麗玉對小宇的照顧可說是無微不至，從小宇出生以來，麗玉就將心思都放在他身上，全心全意地疼愛他，恨不得時時刻刻都跟在小宇身邊。小宇只要一皺眉，麗玉就想著他是不是不開心；要是小宇稍微咳一聲，麗玉也會擔心他是不是感冒了。等小宇開始上小學，麗玉安排了一大堆才藝課，每天光是接送小宇上下課，就耗掉大半的心力和時間。

小宇進入青春期後，開始變得叛逆，對媽媽的噓寒問暖感到不耐煩，麗玉要是多說幾句，像是要他用功一點，不要一直上網、滑手機，小宇就馬上走進房間，用力把房門甩上。前陣子麗玉被小宇無禮的行為給惹惱了，整個人氣急敗壞地大吼大叫，用威脅的語氣告訴小宇，他要是再不聽話，就要把手機和電腦沒收，母子關係降到冰點，見了面也對彼此視而不見，拒絕對話。

來我的門診的病人中，有不少夫妻關係發生問題，都是在有了小孩以後。很多女人有了孩子，就像是有了新歡一樣，整顆心都懸在孩子身上，開口閉口、眼裡心裡都只有孩子，原本應該跟先生相連的心，變成只跟孩子相連，這樣難免會讓先生感到失落、不受重視，覺得自己被冷漠對待，夫妻就很難心心相惜。

再加上對孩子的教養和照顧，夫妻難免會有意見不同的時候，但因為妻子照顧小孩的時間較多，多數時候男人只好選擇退出，導致家庭關係更加失衡。隨著母親跟孩子的連結日深，身為父親和丈夫的角色，以及家庭的參與程度，自然也就愈來愈弱。

在這樣的狀況下，**如果先生有外遇，表面上看起來好像是先生移情別戀、對妻子不忠，實際上卻是太太先跳脫兩人的關係，移情別戀到小孩身上**。只是這樣的羈絆常被認為是母子天性，是理所當然的事，所以很難覺察到伴侶關係因此出問題。一旦伴侶關係失衡，兩人愈走愈遠，如果其中一方剛好碰上可以談心、陪伴又彼此欣賞的人，自然很容易擦槍走火，發生婚外情。

所以，夫妻即使有了小孩，生活重心和目光也不應該只放在孩子身上，一定要能持續地看到彼此。有了孩子，更要創造兩人獨處的時間，了解彼此的感受，培養共同興趣，保持緊密連結。畢竟小孩會長大，有一天也要學會獨立自主，當孩子開始上學後，他們的心就不會只想著跟媽媽在一起，會有自己的朋友、老師和同學作伴，更喜歡跟朋友們聚會，而不是黏著母親。再過幾年，等孩子長大成人，也會有自己的伴侶。如果做媽媽的心老是繫在孩子身上，尤其是兒子，一旦他有了伴侶，組成家庭後，就很容易產生婆媳問題。媳婦往往會成為媽媽眼中的情感介入者，很難不把她當作假想敵。

我經常在餐廳裡看到許多夫婦在餐桌前各據一方低頭滑手機，不跟眼前的人交流的畫面。伴侶關係需要持續用心經營，共同成長，擁有共同的人生目標，才能夠互相支持。

人與人之間的關係是會不斷變化的，一旦走到形同陌路，就很難再回到從前，如果夫妻經常惡言相向、總是互相怨懟，整個家庭氣氛沉重慘澹，可能要尋求婚姻諮商，或透過各種方式改善。倘若最後還是無法好好相處，與其繼續痛苦地生活在一起，不妨考慮好聚好散，重新開始另一段新的人生。

練習題　重新點燃愛的能量

眼睛是靈魂之窗，透過眼睛能夠傳遞能量和交流能量。當我們專注地看著對方，不帶任何批判或想法，只是很單純地用愛凝視著對方，就能提升彼此的能量。

1.兩個人站著面對面，距離大約二十到三十公分，靜靜凝視著彼此五分鐘。剛開始互看的時候，或許會感到尷尬、想要笑或避開，尤其是已經心有些距離的夫妻，但只要堅持一下，能量開始連結後，就會順暢了。在對看的同時可以把一隻手放在對方的胸前，或另一隻手彼此相握，這樣彼此的連結會更強，效果更好。

2.如果兩人的感情距離有點遙遠了，可以做愛的能量連結法，首先面對面，在各自的胸前慢慢地畫「愛心」，用手從胸骨上方往兩側身體畫心，畫三次，一面畫，一面發出「我希望跟對方連結」的意念，然後把雙手放在自己的胸前，先凝視著對方的手，接著才開始做上面凝視對方的眼睛的練習。

做完凝視後，彼此靜靜地擁抱（不要輕拍對方），就只是單純地擁抱和去感受對方。透過這樣的方式，可以達到身體與情感的連結，而愈多身體與情感的連結，兩人的關係就會更加親密。

・愛的能量連結法：https://youtu.be/kLgCadsnD50

愛的能量連結法

如何維繫親密感情

典豪是個體貼的暖男，即使跟女友舒羽偶爾有所爭執，大多數時候總是選擇退讓，主動求和。但是，兩人結婚後有了小孩，爭執卻變多了，夫妻經常為了一些小事大吵大鬧。每次吵完架舒羽就覺得委屈、傷心和生氣，想到婚前只要她生氣和哭泣，典豪就會妥協，但是現在即使她淚眼婆娑，典豪還是不理不睬，一點都不心疼自己。結婚到現在，兩個人老是在冷戰，誰也不讓誰，不知不覺，距離愈走愈遠了。

即使再暖男，道歉和讓步久了也會累積不少的委屈和生氣，所以暖男就會變成易怒男。所以，夫妻更重要的不是誰應該要讓誰，而是得要學習互相尊重和好好溝通。

伴侶之間的關係會惡化，常常是因為我們把太多的注意力放在自己身上，希望對方能夠滿足我們的期待和要求，卻忽略了對方的感受和需求，彼此之間的不滿和嫌隙因而不斷加深，甚至會認為自己所有的不幸與痛苦都是對方造成的。

其實要維繫伴侶情感並不難，只要把焦點放在對方身上，時時想著：「我可以做什麼，讓對方今天過得更好？」以及「我可以做什麼，減少對方的痛苦？」如果要做到這兩件事，平常就要多用心去觀察和留意對方的喜好，不要誤踩對方的痛點，隨時體貼和關懷對方。但是，真的要落實這兩件事，並沒有想像中容易，特別是當對方用批評、指責、冤枉或羞辱的態度和言行來對待我們時，就會格外困難。

當情緒上來時，可以試著調整自己的情緒，然後緩慢地走路或專注呼吸，也可以做韋恩庫克法（影片連結見第二二四頁）或釋放生氣能量的動作，讓自己平靜下來，才能看得到並感受到對方言語或行為背後的痛苦，進而產生同理心與慈悲心，去理解對方所承受的痛苦，自然就會懂得體諒。

當我們不把注意力放在「我」如何被批評、被冤枉、被羞辱、不被重視、不被疼愛時，自然就不會被傷人的言語所影響。要記住，**凡是我投向宇宙的一切，都將會回到我自己身上，我們目前所經歷的，正是過去互動所產生的結果；而我們當下選擇的回應，則會創造未來的結果。**所以與其繼續抱怨對方的不是，不如開始學習種下「愛的善因」。

練習題

增加親密感，種下愛的善因

1.每天起床前、出門前、回家時、睡覺前互相擁抱和親吻，或用彼此都喜歡的方式表達愛意和關注，讓這些親密動作成為慣性行為。

2.當兩個人沒有相處在一起時，可以常傳訊息（例如LINE）給對方，表達想念和愛意。如果方便打電話的話，就打電話聽聽彼此的聲音。

3.每個禮拜固定撥出時間約會或參加彼此都喜歡的活動。

4.公開讚賞伴侶的好，像是善良或體貼的個性。

5.每年安排一些成長課程，與伴侶一起參加，共同學習和成長，心靈才能愈來愈契合。

6.盡量一起吃晚餐，用餐時避免看手機，而是看著彼此，一起分享和聊天。如果有孩子的話，也可以跟孩子一起互動。

7.最好能夠培養相同的信仰，參與相關的活動，共同的信仰可以帶來更深的心靈連結。

8.共同慶祝一些生活中的小小成就（例如完成一個案子、看完一本好書、學了一項新技能、今天達成努力不抱怨八個小時……等等）。

9.有空時一起買菜和下廚，享受完自己親手做的美食，再一起清理。

10.如果平常很容易逞強、不輕易示弱的人，要學習表達內心脆弱的地方，容易逞強的人在感受到受傷和難過的時候會用憤怒的方式表達和咄咄逼人，反而容易引起對方更強烈的攻擊。所以要練習讓對方知道自己的內在真實的感受，例如：看到這樣的事，或聽到你這樣說，我覺得好傷心、好痛苦、好孤單、被鄙棄等。如果能夠表達出來，對方才有機會了解、同理，這樣兩人的心才能更靠近。

11.每天記得表達至少三至五次對方想要的「愛的語言」。愈常表達，情感就愈好，所以要多多益善。

韋恩庫克法

‧韋恩庫克法‧‧https://youtu.be/0qb4GW0NH8M

該說「不」時說不，不允許別人超過自己的底線

嘉誠是個事業有成的電子公司主管，在外面彬彬有禮，跟同事和朋友們都相處得很好。但是回到家有時就像是變了個人似的，時不時會對妻子方苓口出惡言，一不如他的意就三字經、五字經出口狂罵，甚至用很難聽的話語貶低羞辱方苓。每當嘉誠的脾氣一上來，就會亂摔東西，有一次甚至還抓著方苓的頭髮不放，直到她認錯才放手。每次當嘉誠情緒過去之後，又好像沒事發生一樣地跟方苓互動，買昂貴的禮物送給她，讓方苓覺得嘉誠應該不是故意的，只是控制不了自己的脾氣，所以繼續容忍嘉誠偶爾脫序的行為。

其實嘉誠不是無法控制自己的情緒，否則不會在外面表現得無懈可擊。問題在於方苓沒有守住自己的底線，一再允許和容忍嘉誠用言語和肢體暴力來掌控她、逼她順從，才會讓嘉誠膽敢為所欲為，任意糟蹋本該好好珍視的妻子。

與伴侶相處時，學習守住自己的底線，是一大課題。遇到該說「不」的時候，就要勇敢說「不」，但是不要帶著憤怒的情緒，不然容易共振引起對方更大的憤怒。當我

們該說「不」而沒有說「不」的時候，是我們自己允許伴侶用情緒、言語來控制我們，或對我們做出暴力行為，這樣只會造成自己愈來愈怨恨對方，讓彼此的關係不斷惡化。

練習題 拒絕不當的對待

一旦伴侶做出不當行為，或說出不當言語時，一定要清楚地表明立場，同時讓對方知道下列幾件事：

1. 讓對方知道，你能了解他的情緒。
2. 讓對方知道，你理解他為什麼生氣或傷心。
3. 讓對方知道你現在的情緒，但是不要用指責的方式和口氣。要記得，不是對方讓我們生氣或難過，而是我選擇用生氣或難過來回應。
4. 讓對方知道你很在乎這份關係，也提醒自己「關係」才是重點。
5. 明確告訴對方你無法接受對方這樣的行為，或你無法配合他的要求，請對方尊重你。
6. 告訴對方他這樣的行為，會為這段關係帶來什麼樣的結果。
7. 要求對方道歉，而且絕對不能再犯。

例如：「我知道你現在很生氣，因為我們對休閒時間如何安排有不同的看法，但聽到你說我很下賤，還用三字經罵我，我感到非常傷心難過，也覺得委屈生氣。我很愛你，也很在乎我們的關係，但我無法接受你這樣子說我，當你這樣說的時候，我感到沒有被愛，也不被尊重，這會讓我們彼此怨懟，無法真心維繫愛的關係。我希望你能誠心地道歉，而且不要再有這樣的行為出現。」

當一個人情緒激動時，往往無法用理智或同理心互動，很容易就會攻擊和傷害對方。如果雙方情緒都很激動時，一定要先處理自己的情緒，並且邀請對方跟自己一起處理情緒。

一旦我們懂得善待自己以及愛自己，才能眞正地善待別人和愛別人。每個人的容忍度不盡相同，並無對錯好壞，重點是自己要清楚自己的底線在哪裡，一旦對方踩到了底線，很可能會引發憤怒、傷心、怨恨、自卑……等情緒，嚴重的話甚至會導致生病或死亡。有些受到家暴的婦女，在對方踩過底線時，沒能嚴正採取行動阻止對方，或受限於種種理由，無法離開這段痛苦的關係，結果最後賠上自己的生命，這樣的例子時有所聞。我們處在任何關係時，一定要守住自己的底線，該說「不」的時候就要堅定地說「不」，適時地拒絕他人，不容許他人一再觸犯自己的底線。而一旦這段關係到了應該結束的時候，就要懂得放手，倘若你發現對方以不恰當的行為對待自己，一定要勇於拒絕，才不會讓自己受到傷害。

遇到情緒大暴走時，可以做「甩還宇宙法」、「2、6脈輪連結」、「頭部氣血上升法」等能量運動處理，讓自己先恢復平靜再來好好溝通。

學習看到對方的好

七十幾歲的徐阿嬤，由先生和女兒陪著來看診，阿嬤的身體問題很多，包括乳房有硬塊、睡眠品質差、容易緊張、胡思亂想、皮膚不好、心臟有時怦怦跳得很厲害，還有雙腳的關節也會痛。看了阿嬤的能量場之後，我發現她的身體不舒服，主要是因為想太多又鬱鬱寡歡的緣故。

阿嬤的情緒能量屬於聽覺型，聽覺型的人在狀況不好的時候，很容易過度詮釋別人的話，別人的一個眼神或動作，可能會被他們解讀為別有用意，但很多時候對方根本完全沒有任何想法。

我告訴阿嬤，要學習聽到別人話裡的善意，有時對方可能講話急躁、比較大聲，或是口氣不好，但沒有惡意，我們要學習聆聽出善意。阿嬤胸部的硬塊，其實是累積了很多的鬱卒導致的結果，至於為什麼會鬱卒呢？就是因為心裡有太多念頭，例如：「我老了，沒用了」、「都沒人關心我」……習慣鑽牛角尖，沒事就自己不斷上演各種內心戲。人家真的沒有那個意思，但阿嬤就是會想太多，鬱卒在心頭。這樣日子真的很難過，整顆心都糾結在一起。如果阿嬤不要一直悶悶不樂的話，身體就不會有那麼多的問題。

聽到這裡，阿嬤有點半信半疑地說：「真的嗎？腫塊很大顆耶，真的消得掉？」我告訴阿嬤，妳要試著改變自己，如果只想靠醫生處理掉硬塊，那只是治標不治本，我只能告訴她問題出在哪裡，最後還是要靠自己才能真正解決問題。畢竟身體是自己的心在反映的，要找回健康，只有改變自己的個性，學習放下自我批判，不要總是認為別人在批評自己，要懂得自我肯定，以及肯定別人。

阿嬤有點為難地問：「那要怎麼辦？我的日子該怎麼過才好？」我告訴阿嬤，下次又感到鬱卒時，就去看看自己在鬱卒什麼，多數時候是自己又不曉得想到哪裡去了。

一直以來，阿嬤都只注意到一些讓人不舒服的事，卻沒有去看到那些值得感恩的人事物，現在要開始改變，努力找尋讓自己感恩的事。**如果我們的生命中有很多的感恩，全身的細胞就會健康有活力。**其實這個世界上值得我們感恩的事很多，但一般人常常等到失去了，才知道它的可貴。

我要阿嬤每天用不同的眼光去觀看這個世界，找出讓她覺得感恩的人事物，不要一直嫌來嫌去，對別人不滿意，對自己也不滿意，搞得大家都很鬱卒，試著活在當下。

一個人長久以來的習性要改變並不容易，但是可以慢慢練習。我告訴阿嬤，當別人跟妳說：「我沒有這個意思」或是「我沒有這樣說」的時候，就要相信對方真的沒有這個意思，沒有這樣說。

此外，我也跟阿嬤的女兒和先生說明，跟聽覺型的人講話時，有兩點注意事項，第一：口氣和語調很重要，如果口氣不好，或說得太大聲，阿嬤就會容易生氣，即使你們是出於關心，但她還是會忍不住想發脾氣；第二：不要直接批評阿嬤錯了，如果讓她覺得自己是錯的，她就會生你們的氣。因此不要說：「妳這樣做不對、不好、不應該！」也不要說：「妳怎麼會這麼做呢？妳應該要那樣做才對！」這樣的說話方式很容易會讓聽覺型的人抓狂。最好先肯定阿嬤做得不錯的地方，然後問她：「妳自己覺得滿意嗎？有想要改善的地方嗎？」讓她有機會反思一下，然後自己說出想要改善的地方。如果她沒有看出自己需要改變的地方，可以溫柔地提出建議：「如果再加上……或是……的話，也許會更加完美！」以這樣的方式溝通，阿嬤就比較不會生氣了。

平日阿嬤跟阿公常常爭吵，因為阿公老是覺得阿嬤有很多日常生活小事做不好，他有義務要教導阿嬤。雖然阿公這樣做是為了她好，但阿嬤仍然固執己見又愛生氣。

我告訴阿公，阿嬤又不是他的孩子，為什麼要他來教？阿公的教導在阿嬤的耳裡聽來，就像是在批評。就算是出於好意，倘若阿嬤不領情，不僅聽不進去，還會因此而生氣，結果徒勞無功。我們給予阿嬤建議時，要學著用她能聽進去的方式來說，最好能先肯定她，然後再提出建議，並且告訴阿嬤：「這是我的想法和建議，但是我尊重妳的想法和決定。」舉例來說，像是：「妳煮的菜真好吃，辛苦了！只是我現在年紀大了，如果鹽再少一點，或許對我會更好，謝謝妳！」

結束問診前，我給阿嬤出了功課，請她每天寫下三件覺得很感恩的事，例如阿公倒水給她喝，阿嬤要說：「謝謝先生倒水給我喝。」也可以感恩自己的身體，例如：

「感恩我的腳還可以走！」不要等到有一天不能走路了，才明白可以走路是一件多麼值得感恩的事。

此外，我還給了阿嬤另一個功課，請她每天跟阿公說五句真心讚美和感恩的話，學習帶著新的眼光去看到阿公的好，擺脫過去總是不斷放大對方的毛病和缺點的習性。一旦我們拚命找出另一半的好，並且真誠地感謝對方，就一定會愈來愈喜歡和欣賞對方，彼此的關係自然愈來愈親密；相反地，如果我們一心只想著挑對方的毛病，就一定會愈來愈討厭和嫌棄對方，關係也就會跟著緊繃，變得愈來愈冷漠。

三個月後，阿嬤的女兒告訴我，阿嬤的睡眠品質有很大的提升；阿嬤也說自己以前不懂得感恩，做事情容易心煩氣躁、胡思亂想，學會感恩之後，發現自己擁有很多，也變年輕了。尤其懂得感恩以後，她常常覺得自己很幸福，不再唉聲嘆氣，可以活得比較自在。

練習題 感恩和欣賞另一半

發自內心地充滿感恩、欣賞伴侶，不把對方的存在視為理所當然。

1. 剛開始，每天找出一件很感恩對方的事，以及看到一個對方很棒的優點，然後跟對方分享。

如果彼此的關係已經很差，一開始可能不容易做到，因為在這種情況下，我們眼

睛所見、心裡所想的，往往都是對方很差勁和看不順眼的地方，很難看到對方的美好。如果你經常覺得對方很懶惰，就努力去看看他有做到的部分，像是記得把髒衣服丟到洗衣籃，或是吃完飯會把碗筷拿到水槽清洗，甚至懂得把東西歸位等等。你會發現他做的並不少，只是我們一向習慣去看到另一半沒有做到的部分。又例如：如果先生覺得太太脾氣很差，就應該更專注留意太太不發脾氣的時候，或是平時很溫和的樣子。一個人不會一天二十四小時都在發脾氣，所以我們要學習去看到對方美好的時刻。

一旦我們可以很容易地就看到對方做得好、讓自己很感恩的地方時，就可以慢慢從一件事增加到五件事。當我們愈能注意到伴侶和生命中的美好，內心就會愈來愈喜悅平靜，跟伴侶的相處也會愈來愈和諧愉快，這正是所謂「吸引力法則」的精髓所在。吸引力法則是跟著我們的心念運行的，所以不要動不動就抱怨伴侶的脾氣不好，而是要去看到，為什麼我的眼睛沒有看到伴侶脾氣好的時候呢？當然也可以去覺察自己如何改變能讓伴侶感到更滿意、更開心，畢竟我們只能改變自己，無法改變別人，但是一旦我們開始改變自己時，就會影響他人跟著轉變。

2.如果想讓自己擺脫腦內小劇場，盡快回到當下，不妨把注意力放在呼吸上。一隻手放在胸前，另一隻手放在腹部，觀察自己的吸氣和呼氣，注意胸部和腹部的起伏，然後提醒自己：「我在現在、我在這裡」多做幾次，自然就不會讓自己內心的小劇場毫無限制地演下去了。

如何避免劈腿或外遇

多數人分不清什麼是「慾」，什麼是「愛」，經常會把慾望當成是愛。事實上，慾念是一種渴望或期待，說得更直白一些，毫無限制地放縱慾望，其實是一種癮，是一種病態。

有些人沉迷於性愛，總覺得不做不痛快，要做了才會感到放鬆，就像有菸癮或酒癮的人一旦癮頭來了就克制不住，必須抽了菸或喝了酒才感到放鬆和快樂。事實上，癮頭被滿足所帶來的放鬆和快樂，並不是菸、酒或是性愛本身帶來的愉悅，而是很想要抽菸、喝酒或做愛的強烈慾望所造成的痛苦暫時被滿足了，所以會感到放鬆和釋放。當他們在做這些事的當下，頭腦得以暫時放下焦慮的念頭和感受，所以會感到放鬆和快樂。

人如果想要活得自在，一定要觀照自己的慾念，只有看清楚自己的快樂並非來自外在癮頭被滿足，才不會被各種癮頭所控制。人類的生存與繁殖，跟食和性有關，「食與色」本來就是人類最強大的慾念，必須獲得滿足，才得以存活下來，並且繁衍後代，所以性愛很容易讓人上癮，因為激情的過程帶給身體的興奮和快感十分強烈。也因此我們很容易被性的慾念所掌控，跟著慾望走。

對慾望的執念常會讓人誤以為性就是愛，雖然美好的性關係令人愉悅和自在，但是耽溺在性愛中的人，並無法真正地享受其中和自在。就像癮君子在抽菸時，看起來很享受吞雲吐霧的當下，但是這根菸抽完了，就會期待下一次，等到菸癮又發作，就想著要再抽一根才痛快；萬一手邊沒有菸，就容易感到焦慮痛苦，非得想辦法找根菸來抽才行。不少老菸槍喜歡自我安慰地告訴自己和他人，世界上有很多人菸抽得很兇，還不是很長壽？他們其實不是自己生命的主人，而是淪為慾念的僕役，並不是真正的自在。

當然，性行為和飲食本身並沒有絕對的對錯或好壞，重點在於我們是否願意觀照自己的行為和選擇，了解自己的抉擇是帶著清明的心，還是一味跟著慾望在走，被慾望所擺布。很多的外遇事件、暴飲暴食的問題，追根究柢，都跟放縱自己、被慾念所左右有關。

「我只是逢場作戲而已，伴侶不會知道的。」「沒關係，很多人都是這樣的。」「我的伴侶都不關心我，也不顧家，所以我只好尋求他人的慰藉，這不是我的錯！」「我明知道吃炸雞或薯條對健康不好，但我就是想吃，沒辦法！」很多人為了不讓自己太內疚，還會自我催眠地說：「偶爾吃一下沒有關係，其他人不都是這樣嗎？大家也都活得好好的啊！」習慣找藉口自欺欺人，跟隨慾望行事，最終只會讓身心分離得更加厲害，帶來更多的內疚和痛苦。

人生最痛苦的就是後悔，不要等到失去婚姻、伴侶、家庭或健康後才來後悔。時時刻刻保持清明的心，做出對自己最好的決定，選擇當一個清楚明白的人、做良善的事，是決定我們的人生能不能減少後悔很重要的因素。

練習題

如何控制不當的慾望？

人類容易受到五官、五感的刺激，所以盡量避免接觸情色影片、書刊、雜誌、色情按摩，在路上看到穿著清涼暴露的人時，也應該避開視線；同時不和有這些嗜好的朋友多往來，也不要加入互相傳遞情色影片的社交軟體群組。如果我們經常接觸情色性愛的資訊，腦子就容易充斥著情色慾望的想像和情境，自然難以控制自己的身心靈。

此外，留意觀察自己腦袋裡的性幻想，在念頭出現時要馬上轉念或停止，不要隨著幻想走。這個部分最好能透過長期的禪修和內觀來訓練，一般人比較難清楚地覺察到自己腦袋裡的想法和內心的各式小劇場。

一旦身體出現性反應的衝動時，可以去感受這股能量，然後把這股能量從海底輪（下體的位置）順著兩腳往地上引導，讓能量流出去。剛開始練習時，可以站著做，比較容易。也可以把這股能量從下體會陰處，順著身體的中央（靠近脊椎的前方）往上引導到頭部，從頭頂的百會穴流出去。或是把這股能量分散到身體各處，成為身體各處細胞的療癒力量。透過這些方法，都有助於讓心靈和身體恢復平靜。

在婚姻和兩性關係中需要的是忠誠和信任，當我們平常任由自己的眼睛及意念去觀看或想像其他的異性，一旦有機會就容易出軌。如果平常沒有追求情色刺激的習慣，能夠時時把心思和眼睛放在伴侶的身上，就不會製造家庭的麻煩，還能增加伴侶之間的親密感。

施與受要平衡

亞婷常常覺得媽媽很辛苦，整天都一直在忙東忙西，除了洗衣煮飯等日常家務，還要跟著爸爸出門做生意，經常一天睡不到幾小時。從亞婷有印象開始，媽媽就是這樣過日子的，而且一向不讓亞婷幫忙。亞婷還在學校讀書的時候，媽媽只要她把課業顧好就好；畢業後出了社會，媽媽覺得亞婷上班壓力大，所以家裡的事也不用她煩心。前幾年開始，亞婷的爸爸媽媽因為年紀大了，體力大不如前，正好碰上亞婷媽媽膝蓋開刀，才決定把經營多年的小店收掉，過起退休生活。

問題是媽媽雖然退休了，還是一刻不得閒，每天一直找事情做。她開過刀的膝蓋禁不起久站、走遠，加上更年期後骨質流失快速，開始有骨質疏鬆的問題，常常覺得腰腿痠軟，再不然就是這裡痛、那裡痛，去看醫生得到的答案幾乎都是「多休息」。但無論家人怎麼勸說，她還是依然故我，總是去市場買一大堆菜，然後提得氣喘吁吁，回家又得費勁整理，好不容易忙完，整個人疲累不堪，臉色自然不好。每次亞婷下班回家看到媽媽一臉愁苦，就知道她又不舒服了。

有些人很樂意服務和愛別人，但是卻無法讓別人來服務和愛自己，會有這樣的狀況，背後有很多原因，常見的原因之一，是當事人覺得自己不值得被愛或被好好對待，就好像亞婷的媽媽一樣。許多生長在重男輕女、男尊女卑環境中的老一輩婦女，常有這樣的問題，她們一輩子盡心盡力地給予愛，為家人辛苦付出，甚至完全忽視自己的需求，但又覺得自己不值得被照顧或被愛，所以無法接受別人愛她、照顧她。

有些人在潛意識裡想要藉由提供服務和愛來控制對方，希望接受照顧與關愛的對象，能夠照著自己想要的方式過生活：「因為我愛你，所以你應該要聽我的，我是為你好。」其實是以愛之名，行控制之實，不願意接受別人的服務或愛。有的人是因為傲慢的心態作祟，對他們來說，被愛或被服務都是弱者的表現，因為帶著一種「我比你厲害和優越」的心態，所以只有自己可以給出什麼，卻不希望別人給予對等的愛或提供同樣的服務，否則一旦接受了，就好像被人施捨一樣，覺得自己矮人一截。

人與人之間最圓滿的愛是雙向流動，在這樣的情況下，雙方都會感到喜悅和自在。所以當我們在為他人服務的同時，也要記得給別人機會來為我們服務，如果只有自己單方面不斷付出，卻不願意或覺得不應該讓別人給予自己對應的回饋時，愛的流動就無法展開。我們要學習在心態上保持平衡，對「施」與「受」不帶有分別心；當我們有能力不帶任何期待地單純付出往往會很開心；當別人想要為我們服務，或給予我們所需的時候，我們也要開開心心地、帶著感恩接受對方的善意付出，如此一來，愛的流動才會順暢，生命也才會自在！

練習題 愛與被愛的平衡

覺察一下自己是否在愛人與被愛之間取得了平衡呢？你是否很樂意為人付出，卻不願意接受別人為自己付出呢？又或者你很吝嗇給予，只想要討愛呢？你在付出或接受愛的同時，是否都很自在開心呢？你是否容易計較和比較誰的付出和愛比較多呢？

如果覺察到自己傾向一方的時候，試試看往另一個方向走。例如：你善於付出愛，但很難接受愛，那就要練習接受伴侶給予服務和愛，甚至主動提出自己的需求，但要記得表達感謝。反之，如果你很容易接受伴侶的服務和愛，卻很少給予回報，那就要練習主動服務對方，甚至詢問伴侶可以為他做什麼，來表達你對他的愛。藉由愛的流動，讓愛不斷地增長。

懂得尊重和支持伴侶

佳儀一向很崇拜志訓，總覺得自己不夠好，配不上他。志訓常常對佳儀說，希望有一天她能成為一個完整的女人，而佳儀對志訓可說是百依百順，總是全心全意為家庭付出，盡心照顧先生和孩子。身為職業婦女的她，幾乎沒有什麼自己的時間，遇到難得的週末或假期，把時間都花在整理家務、陪伴孩子和先生，對她來說是理所當然的事。

結婚五年以來，志訓總是不斷強調自己一直在幫助佳儀成為一個更完整的女人，是為了她好，如果佳儀週末偶爾想跟朋友出去吃個飯或是上一些成長課程，就會指責她自私、不顧家。

如果按照志訓定義的所謂「完整的女人」，那麼許多沒有結婚、沒有先生、沒有孩子，或是因故失去先生、孩子的女人，不就算不上是完整的女人了嗎？事實當然不是如此，每個女人生來就是完整的，無論有沒有對象、有沒有結婚、有沒有生小孩，**女人的完整性並不需要由別人定義。**

志訓對佳儀的批評，聽起來只是想要滿足個人的需求，而不是真正的愛。**真正的愛應該是懂得互相欣賞、尊重，並且如實地接受對方原有的樣子，讓對方活出生命**

的璀璨。很多人常常「以愛為名」，要求伴侶應該如何如何，還宣稱這麼做都是為了對方好，如果對方不懂得接受，就是自私，不懂得愛人。其實，這樣的觀念和做法，從來就不是出於真愛，往往是一片私心。

許多人之所以會有和志訓一樣的想法，往往是從父母的身上學習而來的。很多父母常常以愛為名，用「我這樣做是在為你好」來要求孩子，在這樣的環境中耳濡目染長大的孩子，一旦成年後很容易對自己的孩子和伴侶如法炮製。他們表面上聽起來似乎是在為對方著想，希望幫助對方變成更好的人，但充其量只是自己一廂情願地認為女人就應該如何如何，男人又應該如何如何，透過許多文化或集體意識的教條框架來要求他人，特別是自己的另一半，卻無法與時俱進，不懂得世界上所有的禮法，都可能隨著時間、空間的轉變，而有所不同。

像這樣「昨是今非」的例子不勝枚舉，就像一百多年前的中國，父母都認為要讓女兒裹小腳，教導她們從一而終；如果丈夫早逝，無論如何都要終生守寡，是理所當然的事，是做人的基本道理。這些今天看起來早已過時，甚至顯得荒謬的做法與觀念，在當時卻是社會的常態。當時的父母都認為這樣限制女兒是真心為她著想，希望她有美好的人生，時至今日，現在的父母早就不再這樣做，因為社會文化已大不相同。

每個人生來都是獨一無二的生命個體，有不同的因緣和背景，背負著不同的能力和使命。我們常常認為要求對方照我們的意思做，是為了他好，但事實上真的是如此嗎？如果對方沒有因為我們的要求而得到自信、快樂、幸福、健康，甚至不希望被如此對待，我們怎麼能說這一切都是為了對方好呢？

有些人喜歡拿孩子當藉口，對伴侶施加壓力，例如要求另一半多陪伴、照顧孩子，如果另一半想做自己喜歡的事，就會被冠上自私的罵名。其實孩子只有在小時候無法自我照顧時，才需要父母的協助，一旦長大之後，他們就有能力學習照顧自己，進而開發自我潛能。**父母只要做好榜樣，盡情活出自己的生命特質和喜悅，與孩子和睦相處、適時給予指引和關心，就是對孩子最好的照顧。**

那些完全忽視自我的需求、不斷為孩子付出的父母，內心容易產生痛苦和空虛感，也不免會對孩子有諸多期待與要求。有些父母總是不斷跟孩子強調：「我當初為了你，放棄自己的事業、犧牲了休閒時間、拒絕朋友的邀約，我的人生是為你而活，所以你應該要孝順我、聽我的話，陪伴我直到終老。」倘若父母抱持著這樣的想法，很容易和孩子產生互動不良的問題，彼此抱怨，甚至動輒起衝突，也很難擁有幸福和諧的家庭生活。

眞愛只有在「無我」的狀態下才會存在，「我」愈大，「眞愛」就愈遠。一旦有「我」的存在，就會受到比較、計較等種種想法干擾，也就更容易偏離真愛。所以「當你對我好，我才會愛你；當你對我不好或不聽我的話時，我就不喜歡你」這樣的邏輯，絕對不是真愛的表現。

一般人很難做到無我，但是如果伴侶之間想要走得長久，開開心心地在一起，除了在家事和教養孩子上要互相分擔責任、合作無間，還要學習支持對方去探索自我生命，尊重彼此有不同的想法和生活方式。不要動不動就用情緒勒索的方式綑綁彼此，時

間一久，關係中的雙方都會感到疲累、厭倦；更不要期待對方應該滿足自己的需求和想法，這樣伴侶之間只會互相責怪、彼此折磨。

練習題

避免指責、批評和貶低伴侶

當我們指責、批評或貶低伴侶的時候，會帶來幾種常見的結果：

1.引起對方的自我防衛和反擊，雙方陷入彼此攻擊和爭執對錯的情境裡，而且會啟動邊緣腦「戰與逃」的反應，讓彼此更加情緒化、更缺乏同理心。

2.造成被指責、批評和貶低的一方自我價值低落，沒有自信心，更需要依賴別人。

3.造成被指責和批評的一方退縮、不想要回應或跟我們有情感的連結，雙方的心的距離愈來愈遠。

人類百分之七十的溝通來自非語言，所以除了言語上要注意不去指責、批評或貶低伴侶，更要注意自己是否在表情、動作、語氣、心態上等有批評、瞧不起或不屑對方。有些人會留意自己的言語，但忽略了非言語的表達其實是更重要的。所以在互動時要關注對方的反應，因為對方是我們內在最好的鏡子。

如果不小心指責或批判了對方時，一定要馬上真誠地道歉（請參閱第二章第九〇頁〈道歉的藝術〉一文）。

避免讓婚姻成為愛情的墳墓——如何維繫熱情？

小萱和希辰曾經是很多人豔羨的俊男美女組合，雖然他們各自曾經交往過不同的對象，也同時都有不少追求者，但兩個人可以說是一見鍾情，一拍即合。因為兩個人年紀都不小了，已經是適婚年齡，所以交往一年多就決定組成家庭。結婚後，雙方各自有自己的事業，希辰被升為經理，工作倍增，每天下班回來累得要命，而小萱雖然當老闆開了一家服飾店，但因為經濟不景氣，辭退了員工，只好自己加班營業，才能負擔租金，所以也常覺得疲累不堪。

夫妻兩人每晚回到家，要嘛帶著情緒，要嘛累到只想滑手機，家裡的氛圍變得冷冰冰的。這讓小萱開始後悔和希辰結婚，當初還沒有結婚的時候，很容易就發現希辰對自己的在乎和用心，常常可以感受到他的愛意，哪裡料想得到現在兩個人的互動這麼少，她覺得自己選錯人了，當初要是選擇其他的對象，也許就不會這樣。而希辰也認為小萱重視自己的事業超過家庭或是自己，因此心生不滿，帶著埋怨的他自然不大想跟小萱有什麼互動，以免一直吵架，可想而知，兩人的房事也少之又少。

兩性關係的專家蘇．約翰遜（Sue Johnson）做過一項研究，發現缺乏情感互動的伴侶，從他們的爭吵頻率高低更能預測到結婚五年後的離婚率。不少人誤以為伴侶只要沒有爭吵或衝突，感情就會好，事實上並非如此。一對伴侶即使沒有爭吵，也不見得就能持續保有熱情，很多人抱怨婚後感受不到愛情的火花，是因爲熱情需要持續透過良善美好的互動來灌溉，所以正向的回應很重要。

雖然生活和工作的龐大壓力的確會讓人失去「性」趣，但是主要還是看夫妻平常的互動和相處情形。如果兩人真的相愛、相處融洽、互動頻繁，那麼即使老到沒有力氣做愛，也還是會想要親近擁抱，以及向另一半表達愛意。

處於網路發達、人際關係淡薄的現代社會，大多數父母忙於工作，造成親子關係疏離或對立，加上媒體渲染等問題，使得時下不少年輕人難以信任他人，也不輕易敞開心房。美國堪薩斯州（Kansas）大學的一項研究發現，在情感上保持距離的年輕人比較容易有較多的性伴侶，但他們享受性愛的速度卻不如親近他人的程度，激情來得快也去得快，所以會以變換新伴侶來維持新鮮感和「性」趣，因此在兩性關係中劈腿的問題很多。

練習題　找回愛的連結

經常自我反思，並且跟伴侶討論兩人的親密關係：

我們是否經常在言語上讓對方知道自己的情意？對方是否有感受到並且做出回應呢？

我是否經常表達對伴侶的愛或欣賞？有沒有讓對方感受到並予以回應呢？

我們是否常常有肢體接觸和互動呢？在東方文化裡，女性經常被教育在兩性關係中最好處於被動的角色，等待男性採取主動。但很多時候男生也會喜歡或希望女生能夠主動，因為這代表著女生表露愛意。所以，女生也可以採取主動去表達或回應對方。

我們是否常常擁抱？擁抱的頻率是否足夠讓雙方都感到滿意和認同呢？

我們是否常有親密和熱情的時刻：例如當先生洗碗時，太太會不會從後面擁抱先生，表達讚賞及感謝，而先生也會熱情地回應；晚飯後兩個人手牽手出去散步，或是面對面促膝聊天。

當一方想要做愛的時候，另一方也可以熱情地回應。即使有時候身體感到很疲累，也可以坦然表達，用擁抱、撫摸或擁吻來取代激烈的性愛，這樣雙方就不會因此感覺被拒絕或不被愛。

彼此在做愛的過程中是否可以感到愛意，並且雙方都得到滿足呢？我們是否會假裝高潮？還是能夠坦然自在地呈現真實狀況呢？我們是否在乎對方的感受，還是只是想表現自己的性能力？其實做愛不一定非得要達到高潮或射精才能滿足，很多時候，如果能夠感受到彼此深深的愛和連結，其實是更美好的體驗。

鏡子練習：

問自己想要選擇愛？還是想要爭對錯？看看自己剛剛說話的嘴臉，是否可以更溫暖、更柔和？是否能夠放下「我非得是對的」這樣的念頭？不妨出去走走或善用能量運動來調整情緒。

椅子練習：

將兩張椅子面對面擺放，坐在其中一張椅子上，然後觀想另一半坐在對面，先表達自己的意見，然後換成坐在對面的椅子，去感覺對方的想法和感受是什麼？可能會有什麼回應？

親密關係中的兩個人需要有共識，女性要懂得停止嘮叨或急著想要馬上連結，最好給男人一點時間和空間去整理情緒；而男性要試著跟女性產生連結。兩個人可以靜靜地坐著，不一定要說什麼話，只要靜靜地坐在一起，等到情緒緩和下來，雙方回歸平靜，就可以再度有所連結。

陰陽協調，婚姻幸福美滿

予蓮和智勛從大學時就開始交往，大學畢業兩年就結婚了。予蓮的事業心強，能力又好，職場表現優異，一路做到上市公司的執行長，不只收入優渥，因為管轄的員工人數眾多，在公司發號施令，凡事她說了算，所以回到家裡也習慣強勢主導。予蓮用自己的錢幫夫家買房買車，所以就連夫家的親友也多少要看予蓮的臉色行事。相對地，智勛只是在一家小公司擔任主管，薪水不高，職場表現普普，所以雖然智勛很不喜歡予蓮的強勢作風，卻也無可奈何。

予蓮覺得自己那麼辛苦地工作賺錢，給家人最好的物質生活，全家人應該要很感激她的付出才對，但智勛卻總是對她愛理不理，冷冷淡淡，兩個人就算睡在同一間房間，也很少有親密行為，智勛寧可自己解決，也不想跟予蓮有什麼肌膚之親，這讓予蓮感覺苦悶又沮喪，卻不知如何是好，所以常會莫名地藉故發飆，但予蓮情緒化的言行，只是讓智勛更加厭煩，更想逃離；而智勛的冷漠和疏離，則讓予蓮更加生氣傷心，夫妻之間的互動落入惡性循環，讓兩人的關係降到冰點。

傳統華人文化主張男尊女卑，強調男主外、女主內，所以男人負責養家，並且在家中扮演發號施令的角色，但隨著女性受教育和工作的機會與男性愈來愈平等，愈來愈多女性在職場上的表現遠遠超過自己的伴侶。

由於多數職場強調重視的是勇氣、衝勁、積極、果斷、激進、自信、主動等屬於陽性能量的特質，所以在工作上表現優異的職業婦女，常常會帶著濃烈的陽性能量回家，使得自己的伴侶在不自覺中會對這樣的能量產生抗拒，或是不再受到陽性能量過強的妻子所吸引。如果希望在事業成功之外，依然能夠有美好的兩性關係，女性在職場盡情展現陽性能量之餘，回到家裡最好能發揮自己的陰性能量，如：慈悲、柔軟、包容、支持、善解、感性、溫柔等特質，如此不只能讓伴侶關係更和諧，也會讓自己的身體更健康。

練習題　如何加強和平衡女性的陰性能量

跳舞：尤其是扭動腰臀的舞蹈，像是肚皮舞、草裙舞，也可以自己練習用腰臀來畫無限符號（∞）。

偶爾要跟好姊妹或是閨蜜們聚會聊天。

不時做個放鬆的SPA，或是上美容院讓自己更美。

支持自己的男人：陰性能量具有主動支持陽性能量的特質，所以愈懂得支持伴侶，就愈能開啟自己的陰性能量。不要拿自己的伴侶跟其他人做比較，尤其是跟自己的前伴侶，當我們說某某賺了多少錢、有多能幹、多疼愛老婆時，聽在伴侶的耳裡絕對不會好受，一旦開始比較，就不是在支持伴侶。還有些女生很黏人，老是需要伴侶的陪伴和奉承，甚至要伴侶犧牲工作時間或遠離原生家庭，最好把所有精力時間都花在自己身上，這樣如膠似漆的互動模式，男人頂多在短暫的熱戀期間可以做得到，過度黏人的互動，並不是愛，也不是在支持對方，時間一久，很容易讓伴侶想要逃離，甚至劈腿。

提升陰性能量的陰性能量走路法：用右手把能量元素從左胸部外側帶到下腹部中央處。

想像自己穿著裙襬很長的新娘婚紗，或是假想自己背後有著很長的孔雀尾巴，然後練習一邊拖著新娘禮服的長裙襬優雅地向前走，同時想像把能量從臀部往後延展出去，這樣的走路方式可以提升並展現陰性能量。

練習題 如何加強和平衡男性的陽性能量？

很多男人的陽性能量會被母親或女性伴侶奪取掌控，因此男生也得要能夠加強或是恢復自己的陽性能量，生命才能平衡。

跟父親在能量場上有所連結：心裡要感念父親、尊重父親以及父親的角色。無論是否認同父親的言行，都要尊重「父親」的本質，也就是一個人內在本自俱足的清淨佛性或神性。一個人的言語或行為，跟生命經驗、原生家庭的關係、社會文化、當下的處境，以及和人的互動等各方面息息相關，所以每個人都有不同框架、情緒、偏見等問題，但本質上每個人都是圓滿無缺的。

從母親那裡取回男性力量：很多媽媽會無意識地拿走兒子的男性力量，透過各種軟硬兼施的方式去掌控兒子，希望兒子對自己唯命是從，但男生要拿回自己生命的主導權，才能成為一個有擔當的男人。一個成人要對自己的人生負責，不能老是用「母命難違」來當令牌。如果母親太過強勢，身為兒子的人就要學習說「不」，不讓媽媽習慣掌控自己的事情，學習劃分界線，日後成家才不容易有婆媳問題。對於母親我們要懂得感恩和尊重，但絕不是盲從和依賴，該劃下界線時就要劃下界線，這樣才能真正和睦相處。

適度運動，跟其他男性一起在運動場上競爭，例如一起打籃球、踢足球等。

保護自己所愛的人：保護跟控制非常不一樣，保護是承擔責任，例如走路同行時會讓女生走在內側或較安全的位置，主動幫忙提重物，懂得留意周遭的狀況，避免對方受傷等。此外，身為一個保護者，除了不讓對方的身體受到傷害，更會盡量避免讓對方的心靈受傷，所以不會對女人動手，能夠信守承諾，更不會任意與其他女性交往甚至劈腿，會把注意力放在自己的伴侶身上，了解伴侶的喜好，知道並做到讓伴侶感受到被愛。控制是不允許對方有決定的自由，例如不給對方有去哪裡、吃什麼、買什麼、跟什麼人在一起、做什麼事情的選擇空間，不尊重伴侶的意願和自主權。很多人在控制對方時，表面上往往說得冠冕堂皇，都是為了對方好，實際上卻是希望對方照著自己的意願過活，所以出發點往往是自私，而不是愛。真正的陽性能量會是保護而非控制。

陽性能量走路法：用右手把陽性能量元素從左胸膛稍偏外側帶到下腹部中央處。走路時抬頭挺胸，把能量放在胸膛往前走，這樣的走路方式會提升並展示陽性能量。

每個人都同時具有陽性能量和陰性能量，就像太極圖裡陰中有陽、陽中有陰一樣。女性最好是陰中帶陽（陰占多數，陽占少數），而男人最好為陽中帶陰（陽占多數，陰占少數）。懂得善用並平衡自己的陰陽能量，可以讓自己的潛能發揮得更好，跟伴侶的相處也能更加和諧愉悅。

陰性能量走路法

陽性能量走路法

·陰性能量走路法：https://youtu.be/3LHShdqjqAY
·陽性能量走路法：https://youtu.be/perIk7Nv8D0

國家圖書館出版品預行編目資料

是愛不是礙，是伴不是絆/ 許瑞云著.
--初版.--臺北市：皇冠文化. 2019.08
面；公分（皇冠叢書；第4779種）（哈佛醫師心關係；02）

ISBN 978-957-33-3465-1（平裝）

1.婚姻 2.兩性關係

544.3 108011106

皇冠叢書第4779種
哈佛醫師心關係02

是愛不是礙，是伴不是絆

圓滿自在的親密關係

作　　者—許瑞云
發 行 人—平　雲
出版發行—皇冠文化出版有限公司
台北市敦化北路120巷50號
電話◎02-27168888
郵撥帳號◎15261516號
皇冠出版社(香港)有限公司
香港銅鑼灣道180號百樂商業中心
19字樓1903室
電話◎2529-1778　傳真◎2527-0904
總 編 輯—許婷婷
責任編輯—張懿祥
美術設計—嚴昱琳
著作完成日期—2019年4月
初版一刷日期—2019年8月
初版六刷日期—2023年6月
法律顧問—王惠光律師

讀者服務傳真專線◎02-27150507
電腦編號◎561002
ISBN◎978-957-33-3465-1
Printed in Taiwan
本書定價◎新台幣380元/港幣127元